edition suhrkamp

D1490805

Bertolt Brecht, geboren am 10. Februar 1898 in Augsburg, starb am 14. August 1956 in Berlin.

Der Kaukasische Kreidekreis wurde 1944/45 in Santa Monica (USA) geschrieben, 1948 in Amerika uraufgeführt und am 7. Oktober 1954 im Berliner Ensemble am Schiffbauerdamm zum ersten Mal in deutscher Sprache gegeben.

Der Band *Materialien zu Brechts ›Der kaukasische Kreidekreis‹* sammelt Kommentare, Analysen und Selbstauskünfte des Autors. Frühe Fassungen einzelner Szenen werden erstmals veröffentlicht; Tonbandaufzeichnungen und Notate der Proben vermitteln einen Eindruck von Brechts Arbeitsweise. Der Komponist Paul Dessau und der Bühnenbildner Karl von Appen berichten über ihre Mitarbeit an der Inszenierung. Daneben stehen Arbeiten von Theaterfachleuten, Kritikern und Wissenschaftlern, die das Theaterstück untersucht und seine Struktur und Dramaturgie beschrieben haben.

Materialien zu Brechts
»Der kaukasische Kreidekreis«

Suhrkamp Verlag

Zusammengestellt von Werner Hecht

edition suhrkamp 155
2. Auflage, 13.–20. Tausend 1968
© Suhrkamp Verlag, Frankfurt am Main 1966. Printed in Germany. Alle
Rechte vorbehalten, insbesondere das der Übersetzung, des öffentlichen
Vortrags und des Rundfunkvortrags, auch einzelner Abschnitte und Teile.
Satz und Druck in Linotype Garamond bei E. C. Baumann KG, Kulmbach.
Bindung bei Hans Klotz, Augsburg. Gesamtausstattung Willy Fleckhaus.

Bertolt Brecht über den
»Kaukasischen Kreidekreis«

Die Geschichte vom kaukasischen Kreidekreis

Für den Betrachter der Kulisiewicz'schen Zeichnungen erzählt

Zwei Kolchosdörfer im Kaukasus hatten nach dem Hitler-
krieg einen Streit um ein Tal. Sie brachten ihn vor die Partei.
Das eine Dorf züchtete Schafe und war vor den Hitlerban-
diten nach Süden weggezogen. Jetzt wollte es zurückkehren.
Aber das andere Dorf, das Obst anbaute und nicht hatte weg-
ziehen können, hatte in den finsteren Zeiten ein Bewässerungsprojekt ausgedacht und wollte dafür das Tal für sich haben.
Es gab da Gesetze, jedoch wollten die Dörfer sich gütlich
einigen. Am Abend der großen Diskussionen spielte der Obstbaukolchos seinen Gästen, den Delegierten der Schafzüchter,
ein Spiel aus alten Zeiten vor.
Durch einen Aufstand der Fürsten wurde einmal der Großfürst gestürzt und aus dem Lande gejagt. Alle seine Gouver-
neure fielen an diesem Ostersonntag und verloren ihr Leben,
darunter der Gouverneur Georgi Abaschwili in der Stadt
Nukha. Seine Frau packte ihre schönen Kleider zusammen,
bis sie plötzlich sah, daß die Altstadt brannte, und sie mit
dem Adjutanten davonlief. Ihr Kind Michel, den Erben, ließ
sie zurück. Er lag auf dem vierten Hof, und die Dienstboten
fanden ihn, als sie aus dem Palast flohen. Sie wollten ihn un-
gern aufnehmen, denn die neuen Herren würden jeden umbringen, der mit ihm gesehen würde. So halsten sie ihn der
Einfältigsten von ihnen auf, der Magd Grusche Vachnadze
aus der Palastküche. Auch sie zögerte lange.

Als sie nun stand zwischen Tür und Tor, hörte sie
Oder vermeinte zu hören ein leises Rufen: das Kind
Rief ihr, wimmerte nicht, sondern rief ganz verständig

So jedenfalls war's ihr. »Frau«, sagte es, »hilf mir.«
Und es fuhr fort, wimmerte nicht, sondern sprach
        ganz verständig:
»Wisse, Frau, wer einen Hilferuf nicht hört
Sondern vorbeigeht, verstörten Ohrs: nie mehr
Wird der hören den leisen Ruf des Liebsten, noch
Im Morgengrauen die Amsel oder den wohligen
Seufzer der erschöpften Weinpflücker beim Angelus.«
Dies hörend, ging sie zurück, das Kind
Noch einmal anzusehen. Nur für ein paar Augenblicke
Bei ihm zu bleiben, nur bis wer andrer käme –
Die Mutter vielleicht oder irgendwer –
Nur bevor sie wegging, denn die Gefahr war zu
        groß, die Stadt erfüllt
Von Brand und Jammer.
Schrecklich ist die Verführung zur Güte!
Lange saß sie bei dem Kinde
Bis der Abend kam, bis die Nacht kam
Bis die Frühdämmerung kam. Zu lange saß sie.
Zu lange sah sie
Das stille Atmen, die kleinen Fäuste
Bis die Verführung zu stark wurde gegen Morgen zu
Und sie aufstand, sich bückte und seufzend das Kind nahm
Und es wegtrug.
Wie eine Beute nahm sie es an sich
Wie eine Diebin schlich sie sich weg.

Sie machte sich auf den Weg in die nördlichen Gebirge, wo
ihr Bruder in einen Bauernhof eingeheiratet hatte. Sie wan-
derte mehrere Tage lang. Das Kind war schwer zu schleppen
und die Milch war teuer, und so beschloß sie, es in einem
Bauernhof auszusetzen. Aber sie wurde von Panzerreitern
überrascht, die hinter dem Kind her waren, und mußte einen
von ihnen sogar niederschlagen, mit einem Holzscheit, als er
sich über das Kind bückte. Sie konnte also Michel nicht los-

Tadeusz Kulisiewicz, Grusche mit dem Hohen Kind

werden, und an einem Gletscherbach im Hochgebirge nahm die Hilflose den Hilflosen an Kindes Statt. Sie sang:

Da dich keiner nehmen will
Muß nun ich dich nehmen.
Mußt dich, da kein andrer war
Schwarzer Tag im magern Jahr
Halt mit mir bequemen.
Weil ich dich zu lang geschleppt
Und mit wunden Füßen
Weil die Milch so teuer war
Wurdest du mir lieb.
(Wollt dich nicht mehr missen.)
Werf dein feines Hemdlein weg
Wickle dich in Lumpen
Wasche dich und taufe dich
Mit dem Gletscherwasser.
(Mußt es überstehen.)

Und als sie den Gletschersteg überschritt, der zu den Dörfern am östlichen Abhang führt, sang sie im Schneetreiben:

Dein Vater ist ein Räuber
Deine Mutter ist eine Hur
Und vor dir wird sich verbeugen
Der ehrlichste Mann.

Der Sohn des Tigers
Wird die kleinen Pferde füttern
Das Kind der Schlange
Bringt Milch zu den Müttern.

Das Haus des Bruders lag in einem lieblichen Tal, aber die Bäuerin nahm Grusche nicht freundlich auf, und der Bruder war feige. Man brachte sie in der Geschirrkammer unter, die kalt war. Das Kind bezeichnete sie als ihr eigenes, sie habe es von einem Soldaten, der im Krieg sei. Im Frühjahr sagte ihr der Bruder, sie müsse nun vom Hof. Er habe ihr einen Mann verschafft, einen kleinen Bauern, der im Sterben liege. Durch die Heirat könne sie einen Unterschlupf für zwei Jahre bekommen und einen Stempel für Michel als Kind des Bauern. Da die Grusche mit einem Soldaten verlobt war und ihn nicht vor den zwei Jahren aus dem Krieg zurückerwartete, nahm sie das Angebot Michels wegen an. Aber der Krieg war früher zu Ende, und da stellte es sich heraus, daß der Bauer sich nur krank gestellt hatte, um nicht in den Krieg zu müssen, und Grusche hatte auf einmal einen Ehemann, den sie nicht wollte. Und nach dem Krieg kam Simon Chachawa, ihr Verlobter, der Soldat, als sie beim Linnenwaschen war, und er mußte erfahren, sie war verheiratet, mit Kind. Und wie konnte sie ihn einweihen, ohne Michel zu verraten, den Sohn des Geköpften? Hört, was sie dachte, nicht sagte:

Als du kämpftest in der Schlacht, Soldat
Der blutigen Schlacht, der bitteren Schlacht
Traf ein Kind ich, das hilflos war
Hatt' es abzutun nicht das Herz.
Kümmern mußte ich mich um das, was verkommen wär
Bücken mußte ich mich nach den Brotkrumen am Boden
Zerreißen mußte ich mich für das, was nicht mein war
Das Fremde.
Einer muß der Helfer sein
Denn sein Wasser braucht der kleine Baum.
Es verläuft das Kälbchen sich, wenn der Hirte schläft
Und der Schrei bleibt ungehört.

Aber wie sollte der Soldat verstehen, wo alles verschwiegen wurde? Hört, was er dachte, nicht sagte:

Die Schlacht fing an im Morgengraun, wurde blutig
        am Mittag.

Der erste fiel vor mir, der zweite fiel hinter mir, der dritte
        neben mir.
Auf den ersten trat ich, den zweiten ließ ich, den
        dritten durchbohrte der Hauptmann.
Mein einer Bruder starb an einem Eisen, mein
        andrer Bruder starb an einem Rauch.
Feuer schlugen sie aus meinem Nacken, meine
        Hände gefroren in den Handschuhen,
        meine Zehen in den Strümpfen.
Gegessen hab ich Espenknospen, getrunken hab
        ich Ahornbrühe, geschlafen hab ich auf
        Steinen, im Wasser.

Der Soldat ging weg, in Zorn.
Und nach dem Krieg kam die Frau des geköpften Gouverneurs, Natella Abaschwili, und fahndete nach ihrem Söhn-
chen Michel, dem Erben. Panzerreiter holten ihn. In Nukha
kam es zum Prozeß um das Kind. Der Richter zu dieser Zeit
war der Armeleuterichter Azdak, der durch die Wirren auf
den Richterstuhl gelangt war und von dem es Lieder gab, in
denen es hieß:

Als die großen Feuer brannten
Und in Blut die Städte standen
Aus der Tiefe krochen Spinn und Kakerlak.
Vor dem Schloßtor stand ein Schlächter
Am Altar ein Gottverächter
Und es saß im Rock des Richters der Azdak.

Als die Obern sich zerstritten
War'n die Untern froh, sie litten
Nicht mehr gar so viel Gibher und Abgezwack.
Auf Grusiniens bunten Straßen
Gut versehn mit falschen Maßen
Zog der Armeleuterichter, der Azdak.

*Tadeusz Kulisiewicz, Azdak und sein Schüler, der Polizist
Schauwa*

Und er nahm es von den Reichen
Und er gab es seinesgleichen
Und sein Zeichen war die Zähr' aus Siegellack.
Und beschirmet von Gelichter
Zog der gute schlechte Richter
Mütterchen Grusiniens, der Azdak.

Und so brach er die Gesetze
Wie ein Brot, daß es sie letze
Bracht das Volk ans Ufer auf des Rechtes Wrack.
Und die Niedren und Gemeinen
Hatten endlich, endlich einen
Den die leere Hand bestochen, den Azdak.

Siebenhundertzwanzig Tage
Maß er mit gefälschter Waage
Ihre Klage, und er sprach wie Pack zu Pack.
Auf dem Richterstuhl, den Balken
Über sich von einem Galgen
Teilte sein gezinktes Recht aus der Azdak.

Sicher war, daß er das Gesetzbuch nicht verstand, und so
wurden seine Urteilssprüche oft gerecht. Als Natella Abaschwili mit ihren Anwälten und Grusche Vachnadze (ohne
Anwalt) vor ihn kamen, verhörte er die Grusche sehr streng,
bis er wußte, daß sie sich das Kind fälschlich zuschrieb. Er
beschimpfte sie als Schwindlerin, aber sie sagte: »Ich hab's
aufgezogen nach bestem Wissen und Gewissen, ihm immer
was zum Essen gefunden. Es hat meistens ein Dach überm
Kopf gehabt, und ich hab allerlei Ungemach auf mich genommen seinetwegen, mir auch Ausgaben gemacht. Ich hab
nicht auf meine Bequemlichkeit geschaut. Das Kind hab ich
angehalten zur Freundlichkeit gegen jedermann und von Anfang an zur Arbeit, so gut es gekonnt hat, es ist noch klein.«
Da winkte der Azdak sie zu sich und sagte zu ihr: »Ich glaub

dir nicht, daß es dein Kind ist, aber wenn es deines wär. Frau, würdest du da nicht wollen, es soll reich sein? ... Willst du's nicht reich haben?« Sie antwortete ihm in einem Lied:

Ginge es in goldnen Schuhn
Träte es mir auf die Schwachen
Und es müßte Böses tun
Und könnte mir lachen.

Ach, zum Tragen spät und frühe
Ist zu schwer ein Herz aus Stein
Denn es macht zu große Mühe
Mächtig tun und böse sein.

Wird es müssen den Hunger fürchten
Aber die Hungrigen nicht.
Wird es müssen die Finsternis fürchten
Aber nicht das Licht.

Da sagte der Azdak: »Ich glaub, ich versteh dich, Frau« und ordnete an, daß auf den Boden vor ihm ein Kreis mit Kreide gezeichnet würde, damit er erkennen könne, wer die wahre Mutter des Kindes war. Er hieß die beiden Frauen an den Kreis treten und das Kind in den Kreis stellen. Sie mußten das Kind bei der Hand fassen und ziehen, und »die richtige Mutter wird die Kraft haben, das Kind aus dem Kreis zu sich zu ziehen«, sagte der Azdak. Die beiden Frauen zogen, aber Grusche hatte Sorge um Michel und ließ ihn los, und die Gouverneursfrau zog ihn an sich und lachte laut. Aber der Azdak sagte: »Der Gerichtshof hat festgestellt, wer die wahre Mutter ist. Grusche, nimm dein Kind und bring's weg ... Und du, Natella Abaschwili, verschwind, bevor ich dich wegen Betrug verurteil. Die Güter fallen an die Stadt, damit ein Garten für die Kinder daraus gemacht wird, sie brauchen einen, und ich bestimm, daß er nach mir ›Der Garten des Azdak‹ heißt.«

Am Tage nach der Aufführung des Spiels einigten sich die
beiden Kolchosdörfer dahin, daß das schöne Projekt der Obst-
baumpflanzer ausgeführt werden sollte, denn:

Es soll gehören, was da ist denen, die für es gut sind, also
Die Kinder den Mütterlichen, damit sie gedeihen
Die Wagen den guten Fahrern, damit gut gefahren wird
Und das Tal den Bewässerern, damit es Frucht bringt.

[Anmerkungen zum »Kaukasischen Kreidekreis«]

Die Spannung

Das Stück ist im elften Jahr des Exils in Amerika geschrieben, und es dankt manches in seiner Konstruktion dem Abscheu vor der kommerzialisierten Dramatik des Broadway; jedoch nimmt es auch gewisse Elemente des älteren amerikanischen Theaters auf, das in der Burleske und der Show exzelliert hat. Die Spannung in diesen phantasievollen Darbietungen, an die Filme des ausgezeichneten Chaplin erinnernd, war noch nicht lediglich gerichtet auf den Fortgang der Handlung, außer in einer viel roheren und größeren Weise als jetzt – sie betraf mehr das »Wie«. Wo heute »ein Nichts amüsant vorgebracht wird«, handelt es sich um die fiebrischen Bemühungen einer schnell gealterten Hure, durch grazienlose Tricks den Moment hinauszuschieben oder zu eliminieren, wo sie ihre zu oft operierte und sehr schmerzhafte Vagina dem Kunden auszuliefern hätte. Die Freude am Erzählen wird erstickt durch die Furcht vor der Wirkungslosigkeit. Die Entfesselung der Freude am Erzählen bedeutet nicht Zügellosigkeit für sie. Das Detail wird von großer Wichtigkeit sein, aber das bedeutet, daß auch die Ökonomie wichtig wird. Die Phantasie kann auch dazu verwendet werden, knapp zu sein. Es handelt sich darum, bei einer Sache zu bleiben, die reich ist. Die größte Feindin des echten Spiels ist die Spielerei; Umschweife kennzeichnen den schlechten Erzähler, Behaglichkeit nur verächtliche Selbstgefälligkeit. Die direkte Aussage ist eines der wichtigsten der epischen Kunstmittel . . .

[Keine Parabel]

Die Kreidekreisprobe des alten chinesischen Romans und Stückes sowie ihr biblisches Gegenstück, Salomons Schwertprobe, bleiben als Proben des Muttertums (durch Ausfindung der Mütterlichkeit) wertvoll, selbst wenn das Muttertum anstatt biologisch nunmehr sozial bestimmt werden soll. »Der kaukasische Kreidekreis« ist keine Parabel. Das Vorspiel könnte darüber einen Irrtum erzeugen, da äußerlich tatsächlich die ganze Fabel zur Klärung des Streitfalls wegen des Besitzes des Tals erzählt wird. Genauer besehen aber enthüllt sich die Fabel als eine wirkliche Erzählung, die in sich selbst nichts beweist, lediglich eine bestimmte Art von Weisheit zeigt, eine Haltung, die für den aktuellen Streitfall beispielhaft sein kann, und dann ist das Vorspiel als ein Hintergrund erkennbar, der der Praktikabilität dieser Weisheit sowie auch ihrer Entstehung einen historischen Platz anweist. Das Theater darf also nicht die Technik benutzen, die es für die Stücke vom Parabeltypus ausgebildet hat.

3

Realismus und Stilisierung

Die Schauspieler, Spielleiter und Bühnenbauer gewinnen ihre Stilisierungen für gewöhnlich auf Kosten des Realismus. Sie schaffen Stil, indem sie »den« Bauern, »die« Hochzeit, »das« Schlachtfeld schaffen; das heißt, indem sie das Einmalige, Besondere, Widerspruchsvolle, Zufällige entfernen und ausgeleierte oder ausleierbare Muster herstellen, die meist nicht bewältigte Realität, sondern Abzeichnungen von Zeichnungen sind, leicht herstellbar, da in diesen Stilelemente schon vorhanden sind. Diese Stilisten haben nicht selbst Stil und suchen nicht den Stil der Realität zu erfassen, sondern ahmen Stilisierungsmethoden nach. Es ist klar, daß alle Kunst verschönert (was nicht heißt: beschönigt). Sie verschönert schon, weil sie die Realität dem Genuß zuführen muß. Aber diese Verschönerungen, Formulierungen, Stilisierungen dürfen nicht Fälschungen und Entleerungen sein. Die Darstellerinnen der *Grusche* sollten die Schönheit der Breughelschen »Tollen Grete« studieren.

4

Der Hintergrund und der Vordergrund

Es gibt im Englischen einen amerikanischen Ausdruck »sucker«, der genau sagt, was die Grusche ist, wenn sie das Kind übernimmt. Der österreichische Ausdruck »die Wurzen« bezeichnet etwas Ähnliches, im Hochdeutschen würde man zu sagen haben »der Dumme« (in dem Zusammenhang »man hat einen Dummen gefunden«). Ihr mütterlicher Instinkt liefert die Grusche den Verfolgungen und Mühen aus, die sie beinahe umbringen. Vom Azdak verlangt sie nichts als die Erlaubnis, weiter zu produzieren, das heißt »draufzuzahlen«. Sie liebt nun das Kind; ihren Anspruch leitet sie ab von ihrer Bereitschaft und Fähigkeit zur Produktivität. Sie ist kein »sucker« mehr nach diesem Prozeß.

5

Rat für die Besetzung des Azdak

Es muß ein Schauspieler sein, der einen völlig lauteren Mann darstellen kann. Der Azdak ist ein völlig lauterer Mann, ein enttäuschter Revolutionär, der einen verlumpten Menschen spielt, so wie beim Shakespeare die Weisen Narren spielen. Anders wird dem Urteil mit dem Kreidekreis alle Gültigkeit entzogen.

6

Palastrevolution

Die kurzen verhaltenen Kommandos, die hinten im Palast gegeben werden (in Abständen, davon leisere, um die Größe des Palastes anzudeuten), müssen, nachdem sie den probierenden Schauspielern geholfen haben, wieder abgestellt werden. Was vorgeht auf der Bühne, soll kein Ausschnitt sein aus einem größeren Vorgang, das, was man von diesem gerade hier vor diesem Tor sieht. Es ist der ganze Vorgang, und das Tor ist *das* Tor. (Auch ist der Palast in seiner Größe nicht räumlich darzustellen!) Was wir zu tun haben, ist: die Statisten durch gute Schauspieler ersetzen. Ein guter Schauspieler ist gleich einem Bataillon Statisten. Das heißt, er ist mehr.

7

[Der Schauplatz des Stückes]

Der Schauplatz des Stückes sollte sehr einfach sein; die verschiedenen Hintergründe können mit einem Projektionsverfahren angedeutet werden, jedoch müssen die Projektionen künstlerischen Wert haben. Die Schauspieler der kleineren Rollen können jeweils mehrere Rollen zugleich spielen. Die fünf Musiker sitzen mit dem Sänger auf der Bühne und spielen mit.

Tadeusz Kulisiewicz, Natella Abaschwili mit dem fetten Fürsten Kazbeki

8

Über eine »Kreidekreis«-Musik

Im Gegensatz zu den paar Liedern, die persönlichen Ausdruck haben können, sollte die Erzählermusik lediglich eine kalte Schönheit haben, dabei nicht zu schwierig sein. Es scheint mir möglich, aus einer gewissen Monotonie besondere Wirkung zu holen; jedoch sollte die Grundmusik für die fünf Akte deutlich variieren.

Der Eröffnungsgesang des ersten Aktes sollte etwas Barbarisches haben, und der unterliegende Rhythmus sollte den Aufmarsch der Gouverneursfamilie und der die Menge zurückpeitschenden Soldaten vorbereiten und begleiten. Der Pantomimengesang am Aktende sollte kalt sein und dem Mädchen Grusche ein Gegenspielen ermöglichen.

Für den zweiten Akt *(Flucht in die nördlichen Gebirge)* bräuchte das Theater eine treibende Musik, die den sehr epischen Akt zusammenhält; sie sollte aber dünn und delikat sein.

Der dritte Akt hat die Musik der Schneeschmelze (poetisch) und in der Hauptszene den Kontrast der Trauer- und Hochzeitsmusiken. Das Lied in der Szene am Fluß hat die Melodie des Liedes im ersten Akt (Grusche verspricht dem Soldaten, auf ihn zu warten).

Der vierte Akt müßte die treibende verlumpte Azdakballade (die übrigens besser piano wäre) zweimal unterbrechen mit den zwei Gesängen des Azdak (die unbedingt leicht singbar sein müssen, denn man muß den Azdak mit dem stärksten Schauspieler besetzen, nicht mit dem besten Sänger).

Im letzten (dem Gerichts-)Akt wäre eine gute Tanzmusik am Schluß nötig.

[Widersprüche
im »Kaukasischen Kreidekreis«]

I

Hauptsächliche Widersprüche

Je mehr die Grusche das Leben des Kindes fördert, desto mehr
bedroht sie ihr eigenes; ihre Produktivität wirkt in der Richtung ihrer eigenen Destruktion. Dies ist so unter den Bedingungen des Krieges, des bestehenden Rechts, ihrer Vereinsamung und Armut. Rechtlich ist die Retterin die Diebin. Ihre
Armut gefährdet das Kind und wird durch das Kind größer.
Für das Kind bräuchte sie einen Mann, aber sie muß fürchten,
einen zu verlieren wegen des Kindes. Und so weiter.
Die Grusche verwandelt sich langsam, unter Opfern und durch
Opfer, in eine Mutter für das Kind, und am Ende, nach all
den Verlusten, die sie riskiert oder erlitten hat, fürchtet sie als
größten Verlust den des Kindes selbst. Der Azdak macht die
Rettung des Kindes durch seinen Schiedsspruch endgültig. Er
vermag ihr das Kind zuzusprechen, da zwischen ihrem Interesse und dem des Kindes kein Unterschied mehr besteht.
Der Azdak ist der Enttäuschte, der nicht zum Enttäuscher
wird.

2

Andere Widersprüche

Die Bittsteller werfen sich vor den Gouverneur, wenn er zur
Ostermette geht. Von den Panzerreitern zurückgepeitscht,
kämpfen sie untereinander wild um einen Platz vorne.

Der Bauer, der seine Milch der Grusche teuer verkauft, hilft ihr danach freundlich, das Kind aufheben. Er ist nicht geizig, er ist arm.

Die Baumeister verbeugen sich untertänigst vor dem Adjutanten des Gouverneurs, aber einer ist dabei, der den beiden andern die Verbeugungen erst abschauen muß. Sie sind nicht Speichellecker von Natur, sie brauchen den Auftrag.

Der feige Bruder Grusches nimmt die Schwester mit Widerstreben auf, aber er ist zornig auf seine Frau, die Kulakin, weil er von ihr abhängt.

Der feige Bruder ist kleinlaut gegen seine Frau, die Kulakin, aber zu der Bäuerin, mit der er den Heiratsvertrag macht, ist er herrisch.

Der mütterliche Instinkt der Bäuerin, die das Findelkind gegen den Willen ihres Mannes bei sich aufnimmt, ist begrenzt und bedingt: sie verrät es gegenüber der Polizei. (Auch der Mutterinstinkt der Grusche, so viel größer, so sehr groß, ist begrenzt und bedingt: sie will das Kind in Sicherheit bringen und es dann weggeben.)

Grusche, die Magd, ist gegen den Krieg, weil er ihr den geliebten Mann entreißt; sie rät ihm, sich in der Mitte zu halten, um zu überleben. Aber auf der Flucht in die Gebirge singt sie das Lied vom Volkshelden Sosso Robakidse, der Iran eroberte – um sich Mut zu machen.

Ein Umweg

P. Man hat in X vor, den »Weg in die nördlichen Gebirge«
zu streichen. Das Stück ist lang, und der ganze Akt, macht man
geltend, ist schließlich nur ein Umweg. Man sieht, wie die
Magd das Kind, nachdem sie es aus der unmittelbaren Gefah-
renzone gebracht hat, loswerden will, aber dann behält sie es
doch, und nur darauf komme es an, sagt man.

B. Die Umwege in den neuen Stücken sollte man genau studieren, bevor man einen abgekürzten Weg geht. Er mag länger
wirken. Einige Theater strichen in der »Dreigroschenoper«
eine der zwei Verhaftungen des Räubers Macheath, da sie
beide erfolgen konnten, weil er zweimal, anstatt zu fliehen,
ins Bordell ging. Man ließ ihn zu Fall kommen, weil er
ins Bordell ging, anstatt, weil er zu oft ins Bordell ging;
weil er nachlässig war. Kurz, man wurde, um kurz zu sein,
langweilig.

P. Man bringt vor, daß der Anspruch der Magd auf das Kind
im späteren Prozeß geschwächt wird, wenn man ihre Zunei-
gung zu ihm schmälert.

B. Erstens kommt es im Prozeß nicht auf den Anspruch der
Magd auf das Kind, sondern auf den Anspruch des Kindes auf
die bessere Mutter an, und die Eignung der Magd zur Mutter,
ihre Zuverlässigkeit und Brauchbarkeit werden gerade durch
ihr vernünftiges Zögern beim Übernehmen des Kindes erwiesen.

R. Ich finde auch das Zögern schön. Freundlichkeit ist begrenzt, da existiert ein Maß. Es gibt bei einem Menschen
soundsoviel Freundlichkeit, nicht weniger, nicht mehr, und
es ist auch noch abhängig von der jeweiligen Lage. Sie kann
verbraucht werden, sie kann wiederhergestellt werden und so
weiter und so weiter.

W. Das ist eine realistische Auffassung.

B. Sie ist mir zu mechanisch. Unfreundlich. Warum nicht folgende Betrachtung? Die üblen Zeiten machen Menschlichkeit zu einer Gefährdung für die Menschlichen. In der Magd Grusche gibt es das Interesse für das Kind und ihr eigenes Interesse im Widerstreit miteinander. Sie muß beide Interessen erkennen und beiden zu folgen versuchen. Diese Betrachtung führt, denke ich, zu einer reicheren und bewegteren Darstellung der Rolle der Grusche. Sie ist wahr.

1955

[Einheit von Gedanke und Gefühl]

P. Im »Kreidekreis« fragt der Richter Azdak die Magd, die das fürstliche Kind aufgezogen hat und es nicht zurückgeben will, warum sie dem Kind nicht ein fürstliches Leben gönnt. Die Magd sieht sich im Gericht um. Sie sieht die fürstliche Mutter. Sie sieht die Panzerreiter hinter dem Richter, Knechte der Herrschenden, mit Schwertern bewaffnet, sie sieht die Advokaten der Fürstin, Knechte der Herrschenden, mit Gesetzbüchern bewaffnet, und sie schweigt. Aus der Musikecke kommt ein Lied: »Ginge es in goldnen Schuhn, träte es mir auf die Schwachen . . .« Das Lied scheint in Schweigen Richter und Magd zu einen. Der Richter verfügt die Probe mit dem Kreidekreis, die der Ziehmutter das Kind sichert. Ohne einen scharfen Bruch mit der Konvention der Bühne könnten die Emotionen, die hier erregt werden, nicht zustande kommen.

B. Genug. Es ist natürlich unser neues Publikum, das uns gestattet und das es uns zur Pflicht macht, gerade solche Wirkungen anzustreben, die auf einer natürlichen Einheit von Gedanke und Gefühl beruhen. Aber ich glaube, man kann doch nicht bezweifeln, daß gewisse andere Gefühlskomplexe ausfallen, die dem Publikum in seiner Gänze und besonders jenen, die Theater gewohnt sind, vertraut und teuer sind.

P. Veraltete.

R. Sagen wir, geschichtlich überholte.

Über das Vorspiel

Aus einem Brief an P. S.

Daß das Vorspiel Ihnen nicht gefällt, verstehe ich nicht ganz, es war das erste, was ich von dem Stück schrieb, in den Staaten. Die Fragestellung des parabelhaften Stücks muß ja aus Notwendigkeiten der Wirklichkeit hergeleitet werden, und ich denke, es geschah in heiterer und leichter Weise. Ohne das Vorspiel ist weder ersichtlich, warum das Stück nicht der »Chinesische Kreidekreis« geblieben ist (mit der alten Richterentscheidung), noch warum es der »Kaukasische« heißt. Zuerst schrieb ich die kleine Geschichte (in den »Kalendergeschichten« gedruckt). Aber bei der Dramatisierung fehlte mir eben ein historischer und erklärender Hintergrund.

Mai 1954

Bertolt Brecht
über die Arbeit am Stück

Notizen zum »Kaukasischen Kreidekreis«

Kontrakt mit Broadway für einen »Kreidekreis«, vermittelt durch Luise Rainer. Stück begonnen. – Inzwischen schließt Feuchtwanger über »Simone« für Film ab.
März 1944

Hauptarbeit »Der kaukasische Kreidekreis«. Interessant, wieviel diese Schere »Auftrag« und »Kunst« zerstört. Ich dramatisiere mit Unlust in diesem leeren, wunschlosen Raum.
10. April 1944

Die Schwierigkeiten in der Gestaltung des Azdak hielten mich zwei Wochen auf, bis ich den sozialen Grund seines Verhaltens fand. Zunächst hatte ich nur seine miserable Rechtsführung, bei der die Armen gut wegkamen. Ich wußte, ich durfte nicht etwa zeigen, daß man das übliche Recht biegen muß, damit Gerechtigkeit geübt wird, sondern ich hatte zu zeigen, wie bei nachlässiger, unwissender, eben schlechter Richterei schon etwas herausspringt für diejenigen, die wirklich Recht benötigen. Darum hatte der Azdak die selbstsüchtigen, amoralischen, parasitären Züge zu haben, der niedrigste, verkommenste aller Richter zu sein. Aber es fehlte mir immer noch eine elementare Causa gesellschaftlicher Art. Ich fand sie in seiner Enttäuschung darüber, daß mit dem Sturz der alten Herrn nicht eine neue Zeit kommt, sondern eine Zeit neuer Herrn. So übt er weiter bürgerliches Recht, nur verlumptes, sabotiertes, dem absoluten Eigennutz des Richtenden dienstbar gemachtes. Freilich darf diese Erklärung nichts

ändern an dem, was ich vorher hatte, und den Azdak nicht
etwa rechtfertigen.
8. Mai 1944

Die Prozession der Figuren wird länger: Baal, Garga, Shlink,
Mae Garga, Eduard, Gaveston, Königin Anna, Galy Gay,
Begbick, Joan Dark, Mauler, Wlassowa, Callas, Iberin, Ju-
dith Callas, Galilei, Shen Te, Sun, Der Wasserverkäufer, Mutter Courage, Die stumme Kattrin, Puntila, Matti, Ui, Malfi,
Der Herzog, Simone, Grusche, Der Azdak.
22. Mai 1944

Gestern nachmittag schloß ich den »Kaukasischen Kreidekreis«
ab und schickte das Stück der Rainer.
6. Juni 1944

Plötzlich bin ich nicht mehr zufrieden mit der Grusche im
»Kaukasischen Kreidekreis«. Sie sollte einfältig sein, aussehen
wie die »Tolle Grete« beim Breughel, ein Tragtier. Sie sollte
störrisch sein statt aufsässig, willig statt gut, ausdauernd statt
unbestechlich und so weiter und so weiter. Diese Einfalt sollte
keineswegs »Weisheit« bedeuten (das ist die bekannte Scha-
blone), jedoch ist sie durchaus vereinbar mit praktischer Ver-
anlagung, selbst mit List und Blick für menschliche Eigenschaften. – Die Grusche sollte, indem sie den Stempel der
Zurückgebliebenheit ihrer Klasse trägt, weniger Identifika-
tion ermöglichen und so als in gewissem Sinn tragische Figur
(»Das Salz der Erde«) objektiv dastehen.
15. Juni 1944

Im »Kaukasischen Kreidekreis« wird die Fiktion benutzt, daß der *Sänger* das ganze Stück zum Vortrag bringt, das heißt, er kommt ohne Theatertruppe; die Szenen sind nur Verkörperungen der Hauptvorgänge in seiner Erzählung. Trotzdem muß der Schauspieler agieren, als wäre er der Regisseur einer Truppe: Er klopft mit einem kleinen Hammer auf den Boden, bevor ein Auftritt erfolgt, zeigt ausdrücklich, daß er die Vorgänge an gewissen Punkten überwacht, um zu sehen, wann sein nächster Einsatz kommt und so weiter. Das ist nötig, damit ein berauschender Illusionismus vermieden wird.
3. Juli 1944

Feuchtwanger wendet ein, daß die Grusche zu heilig ist. Er verlangt einen Auftrag für sie. Tatsächlich scheint es mir mißlungen zu sein, das Begehen der guten Tat als Unfall zu isolieren. Für Feuchtwanger floß sie einfach aus einer Eigenschaft »Güte«. Ich schreibe um. (Feuchtwanger ist erfrischend klug und erträgt meine Beschimpfungen – wenn er einen plot vorschlägt – mit philosophischer Geduld und Freundlichkeit.)
31. Juli 1944

Die Umarbeitung der *Gruschefigur* hat drei Wochen gekostet, eine Fleißarbeit, denn für hier (und jetzt) ist die nettere Katja der ersten Fassung ja viel wirkungsvoller. Die Unzulänglichkeit der Katja ergab sich für mich bei der Begegnung mit dem Azdak im fünften Akt. Ich hatte vor mir die »Tolle Grete« des Breughelbilds.
8. August 1944

Schrieb die Neufassung des Vorspiels und des (Ad-libitum-) Nachspiels zum »Kreidekreis« fertig.
1. September 1944

Gestern abend Gespräch mit Eisler, Helli, Steff über Brillanten und reaktionären Preston-Sturges-Film und das Vorspiel zum »Kreidekreis«. Steff möchte den Konflikt der Dörfer realer und härter, auf Grund eines echten Nachteils für den Ziegenkolchos.

26. September 1944

Eigentliche Repertoirestücke, das heißt Stücke, die nahezu immer gegeben werden können, weil sie im Thema sehr allgemein sind und den Theatern Gelegenheiten für ihre allgemeinsten Künste gewähren, gibt es bei den deutschen wenige. Eigentlich gibt es nur »Faust«. Im übrigen hält man sich darin an die Opern und an den Shakespeare. Von meinen Stücken hat diesen Charakter vermutlich nur »Die Dreigroschenoper« und der »Kreidekreis«. Von den Plänen »Die Reisen des Glücksgotts«.

9. November 1949

Rollen wie der Azdak und die Grusche können in unserer Zeit nicht durch Regiearbeit gestaltet werden. Nicht weniger als fünf Jahre am Berliner Ensemble waren nötig, der außerordentlichen Angelika Hurwicz die Voraussetzungen zu geben. Und das ganze Leben Buschs, von der Kindheit im proletarischen Hamburg über die Kämpfe in der Weimarer Republik und im spanischen Bürgerkrieg zu den bitteren Erfahrungen nach 45 war nötig, diesen Azdak hervorzubringen.

7. Februar 1954

Abendprobe im großen Probenhaus in der Max-Reinhardt-Straße. Wir probieren die Weinschenkenszene des »Kreidekreis« mit Busch und Weigel. Die Türen sind auf, plötzlich hören wir eine Nachtigall. Ab und zu horchend, diskutieren wir die Meinung der Weigel, Mütterchen Grusinien könne naiv sein (man müßte nur nicht sagen, daß der heilige Banditus ihr Schwager ist). Wir finden aber doch, trotz der Nachtigall, daß Mütterchen Grusinien unschuldig nur in den Augen des Azdak ist.

4. Juni 1954

Zwei Fassungen der Szene
»Die Flucht aus dem Palast«

Erste Fassung 1944

Aus dem Torbogen tritt der Adjutant.

DER ADJUTANT *barsch:* Spann die Gäule vor den großen Wagen, steh nicht herum, Dreckskerl.

Wolodja Surki steht stramm und geht ab. Aus dem Torbogen kriechen zwei Diener, tief gebückt unter ungeheuren Kisten. Dahinter stolpert, gestützt von ihren Frauen, Anastasia Saschwili. Eine Frau trägt ihr Kind nach.

DIE GOUVERNEURSFRAU Ich weiß nicht, wo mir der Kopf steht. Wo ist Michel? Halt ihn nicht so ungeschickt. Die Kisten auf den Wagen! Weiß man etwas aus der Stadt, Igor?

DER ADJUTANT Nein, bis jetzt ist alles ruhig, aber es ist keine Minute zu verlieren. Die Kisten haben keinen Platz auf dem Wagen. Suchen Sie sich aus, was Sie brauchen. *Er geht schnell hinaus.*

DIE GOUVERNEURSFRAU Nur das Nötigste! Schnell, die Kisten auf, ich werde euch angeben, was mit muß.

Die Kisten werden niedergestellt und geöffnet.

DIE GOUVERNEURSFRAU *auf bestimmte Brokatkleider zeigend:* Das Grüne und natürlich das mit dem Pelzchen! Wo ist Anton Antonowitsch und Petrow Petrowitsch? Ich bekomme wieder die schauderbarste Migräne, das fängt immer in den Schläfen an. Zerreiß den Ärmel nicht. Wo ist das mit den Astrachanspitzen?

ERSTE FRAU *hebt ein Kleid hoch:* Will die Frau das mithaben?

DIE GOUVERNEURSFRAU Nein. Glaubst du, ich werde auf Bälle

Druckfassung 1957

Aus dem Torbogen tritt der Adjutant.

DER ADJUTANT *barsch:* Spann die Gäule vor den großen Wagen, steh nicht herum, Dreckkerl.

Simon Chachava steht stramm und geht ab. Aus dem Torbogen kriechen zwei Diener, tief gebückt unter ungeheuren Kisten. Dahinter, gestützt von ihren Frauen, Natella Abaschwili. Eine Frau trägt ihr das Kind nach.

DIE GOUVERNEURSFRAU Niemand kümmert sich wieder. Ich weiß nicht, wo mir der Kopf steht. Wo ist Michel? Halt ihn nicht so ungeschickt. Die Kisten auf den Wagen! Hat man etwas vom Gouverneur gehört, Shalva?

DER ADJUTANT *schüttelt den Kopf:* Sie müssen sofort weg.

DIE GOUVERNEURSFRAU Weiß man etwas aus der Stadt?

DER ADJUTANT Nein, bis jetzt ist alles ruhig, aber es ist keine Minute zu verlieren. Die Kisten haben keinen Platz auf dem Wagen. Suchen Sie sich aus, was Sie brauchen.

Der Adjutant geht schnell hinaus.

DIE GOUVERNEURSFRAU Nur das Nötigste! Schnell, die Kisten auf, ich werde euch angeben, was mit muß.

Die Kisten werden niedergestellt und geöffnet.

DIE GOUVERNEURSFRAU *auf bestimmte Brokatkleider zeigend:* Das Grüne und natürlich das mit dem Pelzchen! Wo sind die Ärzte? Ich bekomme wieder diese schauderhafte Migräne, das fängt immer in den Schläfen an. Das mit den Perlknöpfchen ...

gehen? Wo bleibt Igor? Vorsichtig mit dem Seidenen, du Trampel! *Zu einer jungen Frau, die zitternd dasteht:* Du hast es absichtlich zerreißen wollen, ich hab dir zugesehn. Das schlägt dem Faß den Boden aus, meine Geduld ist erschöpft. Du Verbrecherin! Gott, womit hab ich das verdient? *Rasend:* Gib zu, daß du es einreißen wolltest! *Zerrt sie an den Haaren.* Mir zum Possen!

DIE JUNGE FRAU Bitte, gnädige Frau, dem Kleid ist nichts passiert.

DIE GOUVERNEURSFRAU Weil ich dich gefaßt habe. Ich habe schon lang ein Auge auf dich. Nichts im Kopf als Igor Igorowitsch Augen drehen! Ich bring dich um, du Hündin.

DER ADJUTANT *steht im Torbogen:* Bitte, sich zu beeilen, Anastasia Saschwili. In der Stadt fallen Schüsse. *Wieder ab.*

DIE GOUVERNEURSFRAU *läßt die junge Frau los:* Lieber Gott! Meint ihr, sie werden sich vergreifen an uns? Warum? Warum? *Zur ersten Frau:* Leg doch das Ballkleid dazu. *Sie beginnt selber in den Kisten zu kramen.* Was macht Michel? Schläft er?

DIE FRAU MIT DEM KIND Jawohl, gnädige Frau.

DIE GOUVERNEURSFRAU Dann leg ihn für einen Augenblick hin und hol mir die Saffianstiefelchen aus der Schlafkammer, ich brauche sie zu dem Grünen. *Die Frau legt das Kind weg und läuft.* Und wie das alles gepackt ist, ohne Liebe und ohne Verstand. Wenn man nicht alles selber angibt ...

Grusche herein.

DIE GOUVERNEURSFRAU Du läßt dir Zeit, wie? Hol sofort die Wärmflaschen.

Grusche läuft weg, kehrt später mit den Wärmflaschen zurück und wird von der Gouverneursfrau stumm hin und her beordert.

DIE GOUVERNEURSFRAU *beobachtet eine junge Kammerfrau:* Zerreiß den Ärmel nicht!

DIE JUNGE FRAU Bitte, gnädige Frau, dem Kleid ist nichts passiert.

DIE GOUVERNEURSFRAU Weil ich dich gefaßt habe. Ich habe schon lange ein Auge auf dich. Nichts im Kopf, als dem Adjutanten Augen drehen! Ich bring dich um, du Hündin. *Schlägt sie.*

DER ADJUTANT *kommt zurück:* Bitte, sich zu beeilen, Natella Abaschwili. In der Stadt wird gekämpft. *Wieder ab.*

DIE GOUVERNEURSFRAU *läßt die junge Frau los:* Lieber Gott! Meint ihr, sie werden sich vergreifen an mir? Warum? *Alle schweigen. Sie beginnt, selber in den Kisten zu kramen.* Such das Brokatjäckchen! Hilf ihr! Was macht Michel? Schläft er?

DIE KINDERFRAU Jawohl, gnädige Frau.

DIE GOUVERNEURSFRAU Dann leg ihn für einen Augenblick hin und hol mir die Saffianstiefelchen aus der Schlafkammer, ich brauche sie zu dem Grünen. *Die Kinderfrau legt das Kind weg und läuft. Zu der jungen Frau:* Steh nicht herum, du! *Die junge Frau läuft davon.* Bleib, oder ich laß dich auspeitschen. *Pause.* Und wie das alles gepackt ist, ohne

EIN DIENER *im Portal:* Gnädige Frau, gnädige Frau! Der kleine Fußofen für den Wagen ist zerbrochen.

DIE GOUVERNEURSFRAU Was? Das ist schrecklich. Ohne den Ofen kann ich nicht fahren. *Zur ersten Frau:* Das ist der falsche Gürtel!

DER DIENER *gedämpft zur jungen Frau:* In der Stadt geht Entsetzliches vor. Schaut, daß ihr bald wegkommt.

DIE GOUVERNEURSFRAU Steh nicht herum. Bring den Ofen in Ordnung, Dummkopf! *Diener ab.* In solchen Augenblicken sieht man, was man für Dienstboten hat. Fressen könnt ihr, aber Dankbarkeit gibt's nicht. Ich werd es mir merken.

DER ADJUTANT *sehr erregt:* Anastasia Saschwili, kommen Sie sofort.

DIE GOUVERNEURSFRAU Warum? Das Silberne muß ich haben, es hat 1000 Piaster gekostet. Und das da, und wo ist das Weinfarbene?

DER ADJUTANT *versucht sie wegzuziehen:* Es sind Unruhen ausgebrochen. Wir müssen sogleich weg. Wo ist das Kind?

DIE GOUVERNEURSFRAU *ruft der Frau, die das Kind zu betreuen hat:* Mascha, mach das Kind fertig! Wo steckst du?

DER ADJUTANT *im Abgehen:* Wahrscheinlich müssen wir auf den Wagen verzichten und reiten.

Die Gouverneursfrau kramt wieder in den Kleidern, wirft einige auf den Haufen, der mit soll, nimmt sie wieder weg. Geräusche werden hörbar, Trommeln. Die junge Frau schleicht sich weg. Der Himmel beginnt sich zu röten.

DIE GOUVERNEURSFRAU *verzweifelt kramend:* Ich kann das Weinrote nicht finden. Nimm den ganzen Haufen und trag

Liebe und ohne Verstand! Wenn man nicht alles selber angibt ... In solchen Augenblicken sieht man, was man für Dienstboten hat. Mascha! Fressen könnt ihr, aber Dankbarkeit gibt's nicht. Ich werd es mir merken.

DER ADJUTANT *sehr erregt:* Natella, kommen Sie sofort. Der Richter des Obersten Gerichts, Orbeliani, ist soeben von aufständigen Teppichwebern gehängt worden.

DIE GOUVERNEURSFRAU Warum? Das Silberne muß ich haben, es hat 1000 Piaster gekostet. Und das da und alle Pelze, und wo ist das Weinfarbene?

DER ADJUTANT *versucht, sie wegzuziehen:* In der Vorstadt sind Unruhen ausgebrochen. Wir müssen sogleich weg. *Ein Diener läuft davon.* Wo ist das Kind?

DIE GOUVERNEURSFRAU *ruft der Kinderfrau:* Maro! Mach das Kind fertig! Wo steckst du?

DER ADJUTANT *im Abgehen:* Wahrscheinlich müssen wir auf den Wagen verzichten und reiten.

Die Gouverneursfrau kramt in den Kleidern, wirft einige auf den Haufen, der mit soll, nimmt sie wieder weg. Geräusche werden hörbar, Trommeln. Der Himmel beginnt sich zu röten.

DIE GOUVERNEURSFRAU *verzweifelt kramend:* Ich kann das Weinfarbene nicht finden. *Achselzuckend zur zweiten Frau:*

ihn zum Wagen. Wo ist Asja? Und warum kommt Mascha nicht zurück? Seid ihr alle verrückt geworden? Ich sagte es ja, es liegt ganz zuunterst.

DER ADJUTANT *zurück:* Schnell, schnell!

DIE GOUVERNEURSFRAU *zu der ersten Frau:* Lauf! Wirf sie einfach in den Wagen!

DER ADJUTANT Der Wagen geht nicht mit. Kommen Sie, oder ich reite allein.

DIE GOUVERNEURSFRAU *da die erste Frau nicht alles tragen kann:* Wo steckt diese Hündin Asja? *Der Adjutant zieht sie weg.* Mascha! Bring das Kind! *Zur ersten Frau:* Such Mascha! Bring zuerst die Kleider an den Wagen. Es ist ja Unsinn, ich denke nicht daran zu reiten! *Sich umwendend sieht sie die Brandröte und erstarrt:* Feuer! *Sie wird vom Adjutanten hinausgezogen. Die erste Frau folgt ihr kopfschüttelnd mit dem Pack Kleidern.*

MASCHA *aus dem Portal, mit Stiefelchen:* Gnädige Frau! *Sie sieht die Kisten und Kleider und läuft hinter der Gouverneursfrau weg. Aus dem Torbogen kommen einige Dienstboten, darunter Katja.*

DER KOCH Sie sind tatsächlich fort, ohne die Wagen mit den Lebensmitteln, und keine Minute zu früh. Jetzt heißt es für uns, zu türmen.

EIN STALLKNECHT Ja, das ist ein ungesundes Haus für einige Zeit. *Zu einer der Frauen:* Lisawetha, pack ein paar Decken und wart auf mich im Fohlenstall.

Nimm den ganzen Haufen und trag ihn zum Wagen. Und warum kommt Maro nicht zurück? Seid ihr alle verrückt geworden? Ich sagte es ja, es liegt ganz zuunterst.

DER ADJUTANT *zurück:* Schnell, schnell!

DIE GOUVERNEURSFRAU *zu der zweiten Frau:* Lauf! Wirf sie einfach in den Wagen!

DER ADJUTANT Der Wagen geht nicht mit. Kommen Sie, oder ich reite allein.

DIE GOUVERNEURSFRAU Maro! Bring das Kind! *Zur zweiten Frau:* Such, Mascha! Nein, bring zuerst die Kleider an den Wagen. Es ist ja Unsinn, ich denke nicht daran, zu reiten!

Sich umwendend, sieht sie die Brandröte und erstarrt: Es brennt! *Sie stürzt weg; der Adjutant ihr nach. Die zweite Frau folgt ihr kopfschüttelnd mit dem Pack Kleider. Aus dem Torbogen kommen Dienstboten.*

DIE KÖCHIN Das muß das Osttor sein, was da brennt.

DER KOCH Fort sind sie. Und ohne den Wagen mit Lebensmitteln. Wie kommen jetzt wir weg?

EIN STALLKNECHT Ja, das ist ein ungesundes Haus für einige Zeit. *Zu der dritten Kammerfrau:* Sulika, ich hol ein paar Decken, wir hau'n ab.

DIE KINDERFRAU *aus dem Torbogen, mit Stiefelchen:* Gnädige Frau!

EINE DICKE FRAU Sie ist schon weg.

DIE KINDERFRAU Und das Kind? *Sie läuft zum Kind, hebt es auf.* Sie haben es zurückgelassen, diese Tiere. *Sie reicht es Grusche:* Halt es mir einen Augenblick. *Lügnerisch:* Ich sehe nach dem Wagen.

Sie läuft weg, der Gouverneursfrau nach.

KATJA Was haben sie mit dem Gouverneur gemacht?

DER STALLKNECHT *macht die Geste des Halsabschneidens:* Fft.

EINE DICKE FRAU *bekommt, die Geste sehend, einen Anfall:* O Gottogottogott unser Herr Gregory Saschwili! Wie Milch und Blut beir Morgenmette, und jetzt! Bringt mich weg. Wir sind alle verloren, müssen sterben in Sünden. Wie unser Herr Gregory Saschwili.

ANDERE *sie begütigend:* Beruhigen Sie sich, Anna Lisawetha, man wird Sie wegbringen. Sie haben niemandem was getan.

DIE DICKE FRAU *während man sie hinausführt:* O Gottogottogott, schnell, schnell, alles weg, vor sie kommen, vor sie kommen.

DIE JUNGE FRAU Anna Lisawetha nimmt es sich mehr zu Herzen als die Frau, das ist sicher. Sogar das Beweinen müssen sie von andern machen lassen!

DER KOCH Besser, wir alle verschwinden, meine Lieben.

EINE FRAU *blickt nach hinten:* Das muß das Osttor sein, was da brennt.

MASCHA *zurück, entdeckt das Kind, das liegen geblieben ist:* Das Kind! Sie hat es einfach zurückgelassen. Michel Michailowitsch, der in keine Zugluft kommen durfte! Das sind Tiere.

Die Dienstboten versammeln sich um das Kind.

DIE FRAU DES STALLKNECHTS Er schläft.

DER STALLKNECHT Laß ihn. Ich sage dir, du sollst ihn lassen.

DIE FRAU Aber man kann ihn doch nicht einfach liegen lassen hier.

DER STALLKNECHT Du rührst ihn nicht an, sage ich. Ich möchte nicht daran denken, was sie mit dem tun, der mit dem Kind angetroffen wird.

DER KOCH Das ist richtig. Wenn die anfangen, schlachten sie einander familienweise ab. Gehen wir.

Die meisten gehen ab, zwei Frauen und Katja bleiben noch stehen.

GRUSCHE Was hat man mit dem Herrn gemacht?

DER STALLKNECHT *macht die Geste des Halsabschneidens:* Fft.

DIE DICKE FRAU *bekommt, die Geste sehend, einen Anfall:* O Gottogottogottogott! Unser Herr Georgi Abaschwili! Wie Milch und Blut bei der Morgenmette, und jetzt . . . bringt mich weg. Wir sind alle verloren, müssen sterben in Sünden. Wie unser Herr Georgi Abaschwili.

DIE DRITTE FRAU *ihr zuredend:* Beruhigen Sie sich, Nina. Man wird Sie wegbringen. Sie haben niemand etwas getan.

DIE DICKE FRAU *während man sie hinausführt:* O Gottogottogott, schnell, schnell, alles weg, vor sie kommen, vor sie kommen!

DIE DRITTE FRAU Nina nimmt es sich mehr zu Herzen als die Frau. Sogar das Beweinen müssen sie von anderen machen lassen! *Sie entdeckt das Kind, das Grusche immer noch hält.* Das Kind! Was machst du damit?

GRUSCHE Es ist zurückgeblieben.

DIE DRITTE FRAU Sie hat es liegen lassen?! Michel, der in keine Zugluft kommen durfte!

Die Dienstboten versammeln sich um das Kind.

GRUSCHE Es wacht auf.

DER STALLKNECHT Leg ihn besser weg, du! Ich möchte nicht daran denken, was einer passiert, die mit dem Kind angetroffen wird. Ich hol unsre Sachen, ihr wartet.
Ab in den Palast.

DIE KÖCHIN Er hat recht. Wenn die anfangen, schlachten sie einander familienweise ab. Ich hole meine Siebensachen. *Alle sind abgegangen, nur zwei Frauen und Grusche mit dem Kind auf dem Arm stehen noch da.*

DIE BEIDEN FRAUEN Es ist eine Sünde, aber was kann unsereiner machen? – Es ist zu gefährlich. Sie werden hinter ihm wilder her sein als hinter der Frau, es ist der Erbe.

KATJA Kann man's nicht verstecken?

DIE ÄLTERE FRAU Frag nicht so dumm. Wo denn? Du läßt die Hände davon! Sieh zu, daß du durchkommst.

KATJA Aber es kann nicht da liegen bleiben. Die Frau vom Stallknecht sagt's auch.

DIE ÄLTERE FRAU Heut nacht werden viele hier in der Stadt liegen bleiben. *Gutmütig:* Mein Mann nimmt einen Wagen, du kannst mit hinauf, wenn du schnell machst. Jesus, jetzt muß schon das ganze Viertel brennen.

Die beiden Frauen gehen seufzend weg. Katja nähert sich unentschlossen dem Kind. Sie betrachtet es einige Augenblicke, dann holt sie aus dem Kleiderhaufen eine Brokatdecke und legt sie auf das immer noch schlafende Kind. Die beiden Frauen kommen zurück, Bündel schleppend. Katja fährt schuldbewußt von dem Kind auf und geht ein paar Schritte zur Seite.

DIE JÜNGERE DER FRAUEN Hast du nichts gepackt? Du, viel Zeit ist nicht mehr, bis die Panzerreiter von der Kaserne kommen.

KATJA Wartet auf mich.

Sie läuft ins Portal.

DIE DRITTE FRAU Hast du nicht gehört, du sollst ihn weglegen!

GRUSCHE Die Kinderfrau hat ihn mir für einen Augenblick zum Halten gegeben.

DIE KÖCHIN Die kommt nicht zurück, du Einfältige!

DIE DRITTE FRAU Laß die Hände davon!

DIE KÖCHIN Sie werden mehr hinter ihm her sein als hinter der Frau. Es ist der Erbe. Grusche, du bist eine gute Seele, aber du weißt, die Hellste bist du nicht. Ich sag dir, wenn es den Aussatz hätte, wär's nicht schlimmer. Sieh zu, daß du durchkommst.

Der Stallknecht ist mit Bündeln zurückgekommen und verteilt sie an die Frauen. Außer Grusche machen sich alle zum Weggehen fertig.

GRUSCHE *störrisch:* Es hat keinen Aussatz. Es schaut einen an wie ein Mensch.

DIE KÖCHIN Dann schau du's nicht an. Du bist gerade die Dumme, der man alles aufladen kann. Wenn man zu dir sagt: du läufst nach dem Salat, du hast die längsten Beine, dann läufst du. Wir nehmen den Ochsenwagen, du kannst mit hinauf, wenn du schnell machst. Jesus, jetzt muß schon das ganze Viertel brennen!

DIE DRITTE FRAU Hast du nichts gepackt? Du, viel Zeit ist nicht mehr, bis die Panzerreiter von der Kaserne kommen.

Die beiden Frauen und der Stallknecht gehen ab.

GRUSCHE Ich komme.

Grusche legt das Kind nieder, betrachtet es einige Augenblicke, holt aus den herumstehenden Koffern Kleidungsstücke und deckt damit das immer noch schlafende Kind zu. Dann läuft sie in den Palast, um ihre Sachen zu holen.

Erste Fassung des Vorspiels

1944

Auf dem öffentlichen Platz eines kaukasischen Marktflekkens sitzen im Kreis, weintrinkend und rauchend, die Bauern und Traktoristen zweier Kolchosdörfer, unter ihnen ein Delegierter der Plankommission aus der Hauptstadt, ein Mann in einer Lederjoppe. Man hört ein großes Gelächter.

DER DELEGIERTE *versucht, sich Gehör zu verschaffen:* Zum Protokoll, Genossen!

EIN ALTER BAUER *stehend:* Das ist zu früh, ich stimme dagegen, die Frage ist nicht genügend durchgesprochen, ich protestiere vom wissenschaftlichen Standpunkt aus.

FRAUENSTIMME *von rechts:* Nicht genügend durchgesprochen? Die Diskussion dauert jetzt schon zehn Stunden.

DER ALTE BAUER Und was ist das, Tamara Oboladze? Wir haben noch vier Stunden.

EIN SOLDAT Richtig. Schäm dich, Tamara. Wer wird vom Essen aufstehen, wenn noch ein viertel Kalb in der Schüssel liegt? Wer begnügt sich mit zehn Stunden Diskussion, wenn er vierzehn Stunden haben kann?

EIN JUNGES MÄDCHEN Mit Kain und Abel sind wir durch, aber von Adam und Eva ist überhaupt noch nicht gesprochen worden! *Gelächter.*

DER DELEGIERTE Genossen, mir raucht der Kopf. *Stöhnt.* Diese verwickelte Geschichte der Ziegenzucht auf wissenschaftlicher Basis, diese erläuternden Beispiele, diese kunstvollen Anspielungen, zusammen mit dem vielen Ziegenkäse und den unzähligen Krügen Wein! Wie wäre es mit einem abschließenden Protokoll, Genossen?

EIN TRAKTORIST *entschlossen:* Auch die größten Vergnügungen müssen einmal ein Ende haben. Wer für den Abschluß der Diskussion ist, die Hand heben! *Die Mehrzahl hebt die Hand.*

DER TRAKTORIST Abschluß beschlossen. Zum Protokoll!

DER DELEGIERTE Es handelt sich also um *er beginnt, in sein Taschenbuch zu schreiben* den Konflikt der zwei Kolchosdörfer »Rosa Luxemburg« und »Galinsk«, wegen eines Tales mit spärlichem Graswuchs, gelegen zwischen den Dörfern, gehörend dem Dorfkolchos »Rosa Luxemburg«, *zu denen links von ihm* also euch, und beansprucht vom Dorfkolchos »Galinsk«, das *zu denen rechts* seid ihr.

DER ALTE Schreiben Sie auf: daß wir das Tal ebenso wie einige andere Täler als Weideland für unsere Ziegenzucht brauchen und das Tal unserm Dorf seit jeher gehört hat. *Klatschen links.*

EIN BAUER RECHTS Was heißt »seit jeher«? Niemandem gehört nichts seit jeher. Nicht einmal du gehörst dir seit jeher. Vor 25 Jahren hast du noch dem Großfürsten gehört, Chachava. *Klatschen rechts.*

DER DELEGIERTE Warum nicht sagen: daß das Tal euch jetzt gehört?

DER BAUER RECHTS Und zu dem Punkt, daß ihr es für eure Ziegen braucht, muß hinzugefügt werden, daß ihr eine kleine halbe Stunde weiter genug anderes Weideland habt.

EINE FRAU LINKS Für das Protokoll: Bei einer halben Stunde Weges täglich geben die Ziegen weniger Milch.

DER DELEGIERTE Bitte, fangt nicht wieder von vorne an. Die Regierung könnte euch beim Bau neuer Stallungen am Ort behilflich sein.

DER ALTE LINKS Ich möchte dir *zu dem Bauern rechts* eine kleine private Frage vorlegen: Hat dir unser Ziegenkäse geschmeckt oder nicht? *Da dieser nicht gleich antwortet:* Haben dir die vier, fünf Pfund, die du verdrückt hast, geschmeckt oder nicht? Ich bitte um Antwort.

DER BAUER RECHTS Die Antwort ist: ja. So was?

DER ALTE *triumphierend:* Und weiß der Genosse vielleicht, warum ihm der Ziegenkäse geschmeckt hat? *Kunstpause.* Weil unsern Ziegen das Gras in eben diesem Tal geschmeckt hat! Warum ist Käse nicht Käse, so was? Weil Gras nicht einfach Gras ist. *Zum Delegierten:* Bitte das zu Protokoll zu nehmen.

Lachen und Klatschen rechts.

DER DELEGIERTE Genossen, so kommen wir nicht weiter.

DER BAUER RECHTS Schreiben Sie doch einfach nieder, warum wir glauben, daß das Tal uns zugesprochen werden soll. Notieren Sie unser sachverständiges Gutachten über das Bewässerungsprojekt und lassen Sie dann die Plankommission entscheiden.

DER DELEGIERTE Genossin Agronomin!

Rechts steht ein junges Mädchen auf.

NATASCHA Schreiben Sie, Genosse: Nina Meladze, Agronomin und Ingenieurin.

DER DELEGIERTE Ihr Heimatdorf Galinsk hat Sie auf die technische Schule in Tiflis geschickt, um Sie studieren zu lassen, nicht? *Sie nickt.* Und Sie haben für den Kolchos, zurückgekehrt, ein Projekt ausgearbeitet?

NATASCHA Eine Bewässerungsanlage. Vermittels eines Staudamms an unserm Bergsee können 2000 Werst unfruchtbaren Bodens bewässert werden. Unser Kolchos könnte dann dort Obst und Wein pflanzen. Das Projekt lohnt sich nur, wenn auch das strittige Tal einbezogen werden könnte. Der Ertrag des Bodens würde um das Sechzigfache gesteigert werden. *Klatschen rechts.* Hier sind die Berechnungen, Genosse. *Sie überreicht ihm eine Mappe.*

DER ALTE VON LINKS *unruhig:* Schreiben Sie dazu, daß unser Kolchos beabsichtigt, eine Pferdezucht aufzumachen, ja?

DER DELEGIERTE Gerne. Ich glaube, jetzt habe ich alles. Erlaubt mir noch eine Anregung, Genossen. Ich würde mit besonderer Genugtuung meinem Bericht hier hinzufügen, daß

die beiden Kolchosen selbst zu einer Einigung gekommen sind, nachdem alle Argumente heute, am Sonntag, dem 7. Juni 1934, vorgebracht wurden. Wie ist es damit?
Allgemeines Schweigen.

DER ALTE VON LINKS *verlegen:* Es kommt darauf an, wem das Tal gehört. Warum nicht noch ein wenig zusammen trinken und diskutieren? Wir haben noch ein paar Stunden …

DER BAUER VON RECHTS Gut, schieben wir die Entscheidung über diesen Nachsatz noch ein wenig hinaus, aber schließen wir, wie beschlossen, die Diskussion, besonders weil sie uns beim Trinken hindert, wie, Genossen? *Gelächter.*

STIMMEN Ja, Schluß der Diskussion. Wie wäre es mit etwas Musik?

EINE FRAU Es ist geplant gewesen, zum Abschluß des Besuchs des Delegierten der Plankommission den Sänger Arkadi Tscheidse zu hören. Es ist schon mit ihm darüber gesprochen worden.

Während sie sprach, ist ein junges Mädchen weggelaufen, den Sänger zu holen.

DER DELEGIERTE Das wäre interessant. Vielen Dank, Genossen.

DER ALTE VON LINKS Aber es ist eine Ablenkung, Genossen.

DIE FRAU VON RECHTS Nicht ganz. Er ist heute morgen eingetroffen und hat versprochen, etwas vorzutragen, was zu unserer Diskussion in Beziehung steht.

DER ALTE VON LINKS Das wäre etwas anderes. Er soll nicht schlecht sein.

DER BAUER VON RECHTS *zum Delegierten:* Wir haben dreimal um ihn nach Tiflis telegraphiert. In der letzten Minute wäre es beinahe noch daran gescheitert, daß sein Chauffeur erkältet war.

DIE FRAU VON RECHTS Er kennt 21 000 Verse.

DER BAUER VON RECHTS Man kann ihn nur sehr schwer bekommen. Ihr in der Plankommission solltet euch darum kümmern, daß man ihn öfter in den Norden heraufbekommt, Genosse.

DER DELEGIERTE Ich fürchte, wir befassen uns mehr mit Ökonomie.

DER BAUER VON RECHTS *lächelnd:* Ihr bringt Ordnung in die Verteilung von Weinreben und Traktoren, warum nicht von Gesängen? Aber hier kommt er.

Von dem jungen Mädchen geführt tritt der Sänger Arkadi Tscheidse, ein stämmiger Mann von einfachem Wesen, in den Kreis. Mit ihm sind vier Musiker mit ihren Instrumenten. Die Künstler werden mit Klatschen begrüßt.

DAS JUNGE MÄDCHEN *stellt vor:* Das ist der Genosse Delegierte, Arkadi.

DER DELEGIERTE *ihm die Hand schüttelnd:* Es ehrt mich sehr, Ihre Bekanntschaft zu machen. Ich habe von Ihren Gesängen schon auf der Schulbank in Moskau gehört. Wird es eine der alten Sagen sein?

DER SÄNGER Eine sehr alte. Sie heißt »Der Kreidekreis« und stammt aus dem Chinesischen. Wir tragen sie freilich in ziemlich geänderter Form vor. Genossen, es ist eine Ehre für mich, euch zu unterhalten nach einem Tag schwieriger Debatten. Wir hoffen, ihr werdet finden, daß die Stimme des alten Dichters im Schatten der Sowjettraktoren nicht schlecht klingt. Verschiedene Weine zu mischen mag falsch sein, aber alte und neue Weisheit mischen sich ausgezeichnet. Nun, ich denke, wir alle bekommen erst zu essen, bevor der Vortrag beginnt? Das hilft nämlich.

STIMMEN Gewiß. Kommt alle ins Klubhaus.

Während des Aufbruchs wendet sich der Delegierte an das junge Mädchen.

DER DELEGIERTE Hoffentlich wird es nicht zu spät. Ich muß nachts noch auf den Heimweg, Genossin.

DAS JUNGE MÄDCHEN *zum Sänger:* Wie lang wird es dauern, Arkadi? Der Genosse Delegierte muß noch nachts zurück nach Tiflis.

DER SÄNGER *beiläufig:* Ein paar Stunden.

DAS JUNGE MÄDCHEN *sehr vertraulich:* Könntet ihr es nicht
   kürzer machen?
DER SÄNGER *ernst:* Nein.
STIMME Der Vortrag Arkadi Tscheidses findet nach dem Essen
   hier auf dem Platz statt.
   Alle gehen zum Essen.

Nachspiel der ersten Fassung

1944

Ad libitum

Der Kreis der zuhörenden Mitglieder der beiden Kolchos-
dörfer taucht auf. Man klatscht höflich.

BÄURIN RECHTS Arkadi Tscheidse, listiger Mensch, du Ver-
bündeter der Talräuber, wie kannst du uns vom Kolchos
»Rosa Luxemburg« mit Leuten wie deiner Natella Abaschwili vergleichen, nur weil wir nicht ohne weiteres unser
Tal hergeben wollen?

SOLDAT LINKS *zum Alten von rechts, der aufgestanden ist:*
Wonach schaust du aus, Genosse?

DER ALTE RECHTS Laßt mich wenigstens anschauen, was ich
hergeben soll. Ich werde es nicht mehr sehen können.

DIE BÄURIN LINKS Warum nicht? Du wirst uns besuchen
kommen.

DER ALTE RECHTS Dann werde ich es vielleicht nicht mehr
wiedererkennen.

KATO, DIE AGRONOMIN Du wirst einen Garten sehen.

DER ALTE RECHTS *beginnt zu lächeln:* Gnade euch Gott, wenn
es nicht ein Garten ist.

Alle stehen jubelnd auf und umringen ihn.

Über die Arbeit an der Aufführung

Angelika Hurwicz
Bemerkungen zu den Proben

Brecht während der Arbeit kennengelernt zu haben, gibt die Verpflichtung auf, im allfällig bekannten Methodischen das Lebendige bloßzulegen.

Ein amerikanischer Naturforscher stellte fest, daß die zweifelnde, unruhig nach einem Platz für ihre Jungen suchende Katze uns Menschen auf Grund ihres Zweifels näher steht als das so vollendet zielbewußt handelnde Insekt.

Hier sei die unorthodoxe Feststellung gewagt, daß Brecht durch ständigen Zweifel nicht nur an den herkömmlichen Darstellungsformen des Theaters, sondern auch am Gelingen und Genügen seiner eigenen Darstellungsabsichten die Welt für uns verständlicher abbildete als ein von Zweifeln freier Theatermann.

Er erschien auf der Probe unbelastet von Wissen, »wie man so etwas macht«. Er pflegte zu sagen: »Ich möchte, daß die Dienstboten trotz der Eile, mit der sie die Sachen der Gouverneursfrau packen müssen, Zeichen von Insubordination zeigen. Wie macht man das?« (Dies und die folgenden sind Beispiele aus Brechts Inszenierung des »Kaukasischen Kreidekreises«.) Daraufhin wurden alle Vorschläge, die von Brecht selbst, von den Schauspielern, den Regieassistenten und anderen Mitarbeitern, zuweilen auch von geladenen, an der Inszenierung nicht beteiligten Gästen kamen, in der Praxis auf ihre Brauchbarkeit geprüft. Brecht liebte zwar theoretische Erörterungen, verabscheute jedoch theoretische Entscheidungen. Er war zu sehr von der Schwierigkeit der Wahrheitsfindung überzeugt, um die Gedanken anderer unachtsam zu verwerfen. Bescheiden sammelte er alles, unbekümmert um die Gefahr von Stilbrüchen, rein geschmäcklerischen Erwägungen und groben Abschweifungen.

Einmal wandte ein Regieassistent ein, die Bemerkung Grusches: »Wir gehören zusammen« genüge nicht, wenn Grusche den Vorschlag ablehnt, das Kind vor dem gefährlichen Gletscherübergang einer Händlerin zu übergeben. Grusche müsse die Zusammengehörigkeit auch darstellen. Man probierte mehrere Haltungen aus, geriet bis zum plumpen, überdeutlichen An-die-Brust-Legen des Säuglings. Dieser zeitraubende Vorgang erinnerte daran, daß die Panzerreiter Grusche und dem Kind auf den Fersen folgten, daß also kein langer Aufenthalt gestattet war. Nun wurde eingerichtet, daß ein rauher kriegerischer Ruf der Panzerreiter aus der Ferne Grusche keine Zeit zu Überlegungen läßt. Durch den Ruf angetrieben, tritt sie beinahe überhastet den gefährlichen Weg an. So wurde durch die falsche Verdeutlichung der Zusammengehörigkeit die richtige Verdeutlichung der Situation ohne Wahl gefunden. Und zwar auf experimentellem Wege. Oftmals arrangierte Brecht bestimmte Drehpunkte der Handlung gesondert. Später war es schwierig, den Zusammenhang mit dem übrigen Arrangement herzustellen. Eine solche Schwierigkeit ergab sich bei der vorzeitig arrangierten Inthronisierung des Azdak als Richter durch die Panzerreiter. Brecht wollte nichts davon wissen, das Arrangement bis zur bereits probierten Inthronisierung wieder aufzubröseln, wie das üblicherweise gemacht wird, um eine elegante Verknüpfung zu erreichen. Frühe schlaue Weichenstellung war für ihn rein ästhetische Kunstmache. Gleitende Übergänge verwischten ihm die Drehpunkte der Handlung. Die Panzerreiter sollten nicht etwa von vornherein näher zum Richterstuhl stehen, der Richterrock sollte nicht bereitgelegt sein. Schließlich wurde die Inthronisierung eine kleine für sich stehende Pantomime, zu der Brecht sogar ein paar Takte Musik komponieren ließ. Der Augenblick hatte sein angemessenes und notwendiges Gewicht erhalten, hob sich als etwas »Merkwürdiges« vom übrigen Geschehen ab.

Nach dem Gesagten mag es erklärlich wirken, daß die Brechtsche Inszenierung des »Kaukasischen Kreidekreises« ungefähr

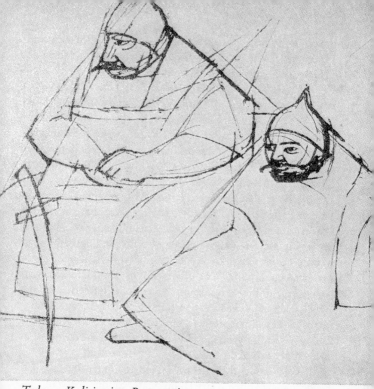

Tadeusz Kulisiewicz, Panzerreiter

acht Monate Zeit in Anspruch nahm. Auch das Selbstverständliche wurde stets mißtrauisch durch These und Antithese geprüft und gegebenenfalls erhärtet.

Zeitverbrauch entstand auch, indem Brecht beim Auftauchen einer Schwierigkeit die Probe unterbrach und auf den nächsten Tag verschob. Brecht hielt nichts vom inspirationslosen Absitzen der Probenzeit. Er unterbrach auch, wenn er fühlte, daß er müde wurde, und suchte Erholung in der Beschäftigung mit dem Bühnenbild, den Kostümen, der Musik. Er fand, daß der Spaß an der Arbeit nicht verlorengehen dürfe. Selbstverständlich wußte er den zwanglosen, um Termine unbekümmerten Umgang mit der Zeit, der ihm gestattet war, hoch einzuschätzen. Auch dieser gehörte, wie die seinem Theater reichlich zur Verfügung stehenden finanziellen Mittel, zum Luxus, mit dem in unseren »finsteren Zeiten« erstaunlicherweise Kunst betrieben werden konnte. Um diesen Luxus zu dokumentieren, drang er auf die Verfertigung von Modellbüchern, auf die Führung eines Logbuches der täglichen Arbeit, auf Regienotate, Diskussionsstenogramme. Jeder kleine, um Kunst bemühte Gedanke war ein Schatz, der für die Nachwelt in Truhen gelegt werden mußte.

Nach welchen Gesichtspunkten wurde nun unter dem auf den Proben angehäuften Darstellungsmaterial die Auswahl getroffen?

Es gibt dafür einige lehrbare Methoden. Aber nicht unterschlagen werden darf das Vermögen des Genies, die letztlich durch das Temperament seiner Mitarbeiter widersprüchlich gefärbten Details zu einer Einheit zu verschmelzen, das Unwägbare von Brechts persönlichem Geschmack, das Unmeßbare der schauspielerischen Persönlichkeit. In Gesprächen legte Brecht diesen Imponderabilien Gewicht bei. In seinen theoretischen Schriften erwähnt er sie kaum, denn die Theorie soll das Anwendbare übermitteln.

Lehrbar ist die Anwendung des Gesichtspunkts: »Was dient dem Verständnis der Fabel?« Lehrbar ist das Gebot: »Auch

Gedanken, auch innere subtile Vorgänge sollen durch Gesten und Haltungen abgebildet werden.« In der Erfüllung dieses zuletzt genannten Gebots liegt die hervorstechendste Eigenart Brechtscher Aufführungen beschlossen. Brecht vertraute dem Wort auf der Bühne nicht. Im Gegensatz zu vielen Regisseuren, für die es ein Prinzip künstlerischer Aussparung ist, etwas, das auf der Bühne gesagt wird, nicht noch einmal durch Gesten oder Haltungen zu betonen . . .

Das Bühnenbild, obwohl völlig unnaturalistisch, wurde mit einer Fülle von Details ausgestattet. Die Umgebung, den äußeren Habitus seiner Figuren, beschrieb Brecht ebenfalls in Bildern. In diesen Bildern schilderte er so ausführlich wie ein Romancier. Auch darum muß sein Theater »episches Theater« genannt werden, wie es fälschlich oft für eine nicht existierende Abart von Schauspielerei genannt wird. Hinweise an Hand der Fotos auf manche Details an Kostümen und Requisiten scheinen recht überflüssig auf einfachste Dinge aufmerksam machen zu wollen. Aber die Unterlassung solcher Details tadelte Brecht mit dem Wort »schlampig gemacht« und ließ keine Entschuldigung der Unterlassung auf Grund von Stilprinzipien gelten. Bewußte Vernachlässigung des Sichtbaren auf der Bühne war für ihn geistiger Hochmut. Der große Lehrer verfuhr nach einer einfachen Weisheit. Es sei an die Fibeln erinnert, in denen man an Hand von Bildern die Bedeutung einer kleinen Erzählung erfaßt. Bei Klagen aus dem Publikum über Nichtverständnis war Brecht niemals bereit, den akustischen Vortrag zu verstärken, wohl aber, das Arrangement zu verändern. Um noch einmal auf Brechts persönlichen Geschmack zurückzukommen: er selbst fand Aufführungen, in denen er jedes Wort verstand, langweilig und ermüdend. Die Aufgabe der Bühne bestand für ihn darin, zu den Augen des Zuschauers zu sprechen. Sein unerfüllt gebliebener Wunsch war es, einmal eine Vorstellung »markiert« spielen zu lassen, das heißt unter raschem, ohne Anstrengung durchgesprochenen Text bei Einhaltung des Arrangements und aller festgelegten Gesten. Die kurzen, vor den jeweiligen Szenen auf den Vorhang projizierten Inhaltsangaben (im »Kreidekreis« werden die Inhaltsangaben durch die Erzähler-Sänger übernommen) sollten den Zuschauer nicht nur vor dramatischer Spannung und der dadurch erzeugten Identifizierung bewahren. Sie sollten ihn gleichzeitig von der Verfolgung des gesprochenen Textes entlasten und seine Aufmerksamkeit für die bildlichen Vorgänge frisch erhalten.

Selbstverständlich vernachlässigte Brecht die Dialogregie keineswegs. Es gäbe auch davon Vieles und Kostbares zu berichten . . .

Weiter oben berührte das Wort »episches Theater« den Bereich der mit Brechts Namen verknüpften Schlagworte. Das gewiß schon längst erwartete Wort »Verfremdung« fiel während der »Kreidekreis«-Proben nur ein einziges Mal. Im 4. Bild trifft Grusche nach langer Wanderung erschöpft bei ihrem Bruder und dessen Frau ein. Diese Szene erschien Brecht zu aufgeregt, mit zuviel Entsetzen über den Zustand Grusches angepackt. Er griff zur Methode des verfremdenden »da sagte der Mann«, »da sagte die Frau«, das die Schauspieler vor ihren jeweiligen Sätzen zu sprechen hatten. So verlangsamt klärte sich die Grundsituation. Statt Aufregung ergab sich Betroffenheit über den ungebetenen Gast, bäuerliches Abtasten der Lage und ihrer Folgen, Spannung zwischen dem Ehepaar. Natürlich kann ein Regisseur das gleiche durch differenzierte Dialogregie erreichen. Es war jedoch für die schöpferische Mitarbeit der Schauspieler wichtig, daß sie durch das einfache Mittel der Besonnenheit zu eigenen Entdeckungen geführt wurden. Der Erzählergestus befreite von dem Zwang, gestalten zu müssen. Deshalb bot sich die Szene neu und merkwürdig, eben verfremdet, den Schauspielern dar.

Viel ist über die Verwendung von Masken, Musik und der durch das Vorspiel initiierten Aufführung als Laienspiel theoretisiert worden. Aber die Verwendung dieser gern in die Kategorie »Verfremdung« eingeordneten Mittel gestaltete sich unorthodox, wurde den Bedürfnissen des Augenblicks angepaßt.

Brecht unternahm im Laufe der Proben nichts, um die Schauspieler als Laiendarsteller zu charakterisieren. Ihm genügte die ständige, sichtbare (!) Anwesenheit der erzählenden Sänger an einer Seite der Bühne während der Aufführung. Ihr Eingreifen hatte den Eindruck des Unperfekten zu geben. Wann ist auch jemals bewiesen worden, daß Laienspieler anders, etwa undifferenzierter als gelernte Schauspieler spielen?

Häufig werden die Songs als »V-Effekte« interpretiert. Sie unterbrechen den Dialog, folglich, so wird geschlossen, haben sie auch das Spiel zu unterbrechen. Aber Brecht wünschte zum Beispiel bei der Wiederbegegnung Grusches mit ihrem Verlobten, daß die Schauspieler den Text der Sänger mit feinstem mimischen Ausdruck begleiteten. Mißtrauen, Vorwurf, Enttäuschung sollten sich auf den Gesichtern spiegeln. Der Song als poetische Auslegung des Schweigens. An der gleichen Stelle sollte auch der Sänger, der die vorwurfsvollen Gedanken Simon Chachawas ausdrückt, nicht unbeteiligt, erzählend singen wie sonst, sondern zornig, anklagend. Dieser Augenblick ist keinem Stilprinzip unterzuordnen, er ist einfach ein poetischer, auf sich selbst beruhender künstlerisch schöner Augenblick ...

Die Flucht in die nördlichen Gebirge

Aus Tonbandaufzeichnungen von den Proben einer Szene

DER SÄNGER:
Als Grusche Vachnadze an den Fluß Sirra kam
Wurde die Flucht ihr zuviel, der Hilflose ihr zu schwer.
DIE MUSIKER:
In den Maisfeldern die rosige Frühe
Ist dem Übernächtigen nichts als kalt. Die das Kind schleppt
Fühlt die Bürde und wenig mehr.
Grusche steht vor einem Bauernhof.

BRECHT Ich glaube, es wäre hier richtig, daß Sie sehr große Erschöpfung spielen. Wekwerth meint, dann ist es stärker begründet auch, warum Sie das Kind abgeben wollen. Sehr große Erschöpfung, also fast zusammenbrechen. Dann kann das Haus auch schon dastehen. Und vielleicht das Kind schon wegnehmen beim Runtergehen. Oder vielleicht einen Moment so erschöpft, daß Sie noch nicht mal das können. Und dann erst langsam . . .

BUNGE Aber Grusche sagt, daß sie das Kind weggeben muß, weil ihr Liebster in der Stadt wartet.

BRECHT Die Leute handeln nicht aus einem Motiv, sondern immer aus mehreren Motiven, teilweise widersprechenden.

GRUSCHE: Jetzt hast du dich wieder naß gemacht, und du weißt, ich hab keine Windeln für dich. Michel, wir müssen uns trennen. Es ist weit genug von der Stadt. So werden sie nicht auf dich kleinen Dreck aus sein, daß sie dich bis hierher verfolgen. Die Bauersfrau ist freundlich, und schmeck, wie es nach Milch riecht. So leb also wohl, Michel, ich will vergessen, wie du mich in den Rücken getreten hast die Nacht durch, daß ich gut lauf, und du vergiß die schmale Kost, sie war gut gemeint. Ich hätt dich gern weiter gehabt, weil deine Nase so klein ist, aber es geht nicht. Ich hätt dir den ersten Hasen gezeigt und – daß du dich nicht mehr naß machst, aber ich muß zurück, denn auch mein Liebster, der Soldat, mag bald zurück sein, und soll er mich da nicht finden? Das kannst du nicht verlangen, Michel. *Grusche prüft, ob sie das Kind hier zurücklassen kann, dann geht sie vorsichtig auf das Haus zu.*

BRECHT Was sind das für Leute? Ist das Haus sauber gehalten? Ist es groß? Klein? Arme Leute? Mittel? Wenn sie zuviel Geld haben, nehmen sie das Kind nicht. Wenn sie zuwenig haben, ist's für das Kind schlecht. Es müssen so Mittelbauern sein. – Na, 'ne Kuh ist da, die bringt Milch. Gut!

Grusche legt das Kind vor der Schwelle nieder und klopft an die Tür. Dann wartet sie versteckt hinter einem Baum, bis die Bauersfrau aus der Tür tritt und das Bündel findet.

DIE BÄUERIN: Jesus Christus, was liegt denn da? Mann!
DER BAUER *kommt:* Was ist los? Laß mich meine Suppe essen.
DIE BÄUERIN *zum Kind:* Wo ist denn deine Mutter, hast du keine? Ich glaube, es ist ein Junge. Und das Linnen ist fein, das ist ein feines Kind. Sie haben's einfach vor die Tür gelegt, das sind Zeiten.

BRECHT Wenn Sie das Kind finden, müssen Sie es noch ein bißchen spielen. Sie haben Zeit. Nehmen Sie sich ruhig Zeit dafür: daß Sie dann noch sich runterbeugen, sich wundern, rumschauen. Läuft da jemand weg? Was ist denn los? Ein Kind! Es ist jetzt fast so, als erwarteten Sie da eines zu sehen.

BRECHT Bei der kleinen Szene muß eine ganze Menge 'rauskommen. Also, Sie sehen da ein kleines Bündel vor der Tür liegen. Nun, das ist eine sehr ungesunde Sache, unter Umständen auch gefährlich. Das Kind kann ja jede Krankheit der Welt haben, Cholera, Pest, ... Sie verstehen. So Leut sind mißtrauisch. Die nehmen auch einen Hund nicht einfach rein. Damit es richtig ist, lassen Sie es zunächst einfach mal liegen: Wer hat denn da was hingelegt? Und dann muß der Moment kommen, wo Sie das Kind eigentlich als Kind sehen und anfangen, Interesse zu haben. Und dann geben Sie es plötzlich nimmer her. – Daß der Kontrast recht stark wird! Auch der Anfang: Nanu? Wirklich, alle Tage, da liegt ja da nicht was davor!

BRECHT Je mehr Sie beim Herauskommen den Kopf wie eine Schildkröte unter dem Panzer vorstrecken, desto schöner ist es. Das kann zum Beispiel sehr übertrieben sein, wie man es eigentlich nicht machen würde, daß dort der Kopf 'rauskommt. In die Ecke schauen!

SCHAUSPIELERIN Hier?

BRECHT Ja, wo immer. Also da und da. Genauso vorsichtig. Was ist, wenn einer da steht mit einer Riesenlatte mit 'nem Nagel drin? Also schaut so raus, will schon wieder reinschauen, will schon wieder zurück, und beim Sich-zurück-ziehen geht dann der Kopf runter. Sie sehen's. Sie sagen ganz lautlos: »Jesus«. Das braucht niemand zu hören. Das sagen Sie normal ohne jeden Druck. »Was liegt denn da?« Ganz ungezwungen. Fremde Hunde, fremde Katzen, fremde Kinder, das ist so 'ne Sache: ansteckende Krankheiten, Seuchen, sowas anlangen. Also bissel zögernd 'raufnehmen. Und dann auch noch mit dem: »Das ist ein Junge.« Aber dann kontrolliert sie, stellt sie fest: Na, schmutzig? Nicht schmutzig. Wissen Sie, weg auch von sich halten. Wenn's krank ist, was dann? – Ja, das ist es. Richtig so. Jetzt weiß man nämlich noch nicht, was mit dem Kind geschehen wird, noch weiß es die Grusche, die dahinten lauscht. Das ist richtig. Das muß ganz überraschend kommen. Kam, sah, siegte – das Kind. Also jetzt: »feine Sachen«. Wissen Sie, das so Aufmachen, auch schon fremde Sachen anrühren ist immer prekär, gefährlich. Ja, so ein bißchen, aber mit den Fingerspitzen drin. Ja so, sehr schön. An sich: Kinder, die keine richtige Mutter haben, sind ja nix. Das sind Straßenköter, haben meistens einen schlechten Charakter, enden früh am Galgen. Das ist die Wahrheit, für Sie. Jetzt kommt das erste mürrische Zugeständnis: »Das Linnen ist fein«. Und jetzt das große Staunen: »Das ist ein feines Kind.« Wie kommt das hierher? Das bestimmt wahrscheinlich auch ein klein wenig, daß Sie es behalten, verstehen Sie? Feines Kind, edles Kind, adliges Kind? Vielleicht gar: Prinz?

DER BAUER: Wenn die glauben, wir füttern's ihnen, irren sie sich. Du bringst es ins Dorf zum Pfarrer, das ist alles.

DIE BÄUERIN: Was soll der Pfarrer damit, es braucht eine Mutter.

BRECHT Es ist eigentlich ein: »Wenn *die* glauben, daß wir's durch für sie füttern, dann irren sie sich. Du bringst es ins Dorf zum Pfarrer, das ist alles.« Das muß also ganz fest sein. »Das ist alles!« Sie kennen Ihre Frau.

BRECHT »Was soll der Pfarrer damit?« Schau, Mensch, etwas Verstand ist doch auch für einen Mann nötig. »Was soll der Pfarrer damit?« Blödsinniger Vorschlag! »Es braucht eine Mutter.« Aber nicht zu grob. »Was soll der Pfarrer damit, es braucht eine Mutter.« Aber auf »Mutter« nichts legen, um Gottes willen! Das ist nun bestimmt nicht die Mutter, der Pfarrer.

DIE BÄUERIN: Da, es wacht auf, glaubst du, wir könnten's nicht doch aufnehmen?
DER BAUER *schreiend:* Nein!

BRECHT »Glaubst du, wir könnten's nicht doch aufnehmen?« Immer noch, als ob Sie ganz dagegen sind, selber eigentlich. – Und dann verlieren Sie nicht zu früh Ihre Bedenken, Ihre eigenen. Sie überzeugen sich. Ich überzeuge mich. Wen überzeuge ich? Mich. Sie verstehen: Sie überzeugen auch sich, daß das geht und daß das nötig ist. Es ist so einzeln. Ich könnte es so machen und so machen. Jetzt will ich aber nichts mehr hören. Aber doch noch ein bißchen mit Bedenken. Schauen Sie, das alles sieht die Grusche, das alles hört die Grusche. Daraus zieht sie den Schluß: Das Kind ist gut aufgehoben. Jemand, der so schnell grapscht und weg, das wäre eher schlimm.

BRECHT Warten Sie etwas mit »aufnehmen«! Also, es wacht auf, das heißt, es macht die Augen auf. Jetzt erscheint es als Mensch. Augen – im allgemeinen: Mensch. Schauen Sie: »Glaubst du, wir könnten's nicht doch...« Immer noch dagegen! »Glaubst du, wir könnten's nicht doch auf – nehmen?« – *Zum Darsteller des Bauern:* Das ist auch noch zu gleichgültig.

Schreit: »Nein! Nein! Nein!« Sie sind absolut dagegen. »Nein, Nein!« sagen Sie. Unter keinen Umständen! Die Sache ist schon erledigt. – Nein, mit dem Kind lassen Sie sich bitte nicht ein. Sie dürfen es nicht anrühren. Sie müssen wirklich spielen den römischen Vater, das heißt: den Nicht-Vater.

BRECHT Sie verstehen, so oft kommt das nicht vor, daß da ein Kind vor der Schwelle liegt. Bei mir ist noch nie eins gelegen. Das ist ein wichtiger Punkt.

DIE BÄUERIN: Wenn ich's in die Ecke neben den Lehnstuhl bette, ich brauch nur einen Korb, und auf das Feld nehm ich's mit. Siehst du, wie es lacht? Mann, wir haben ein Dach überm Kopf und können's tun, ich will nichts mehr hören.

BRECHT Eigentlich: man versteht gar nicht, wieso nicht? Leicht! Leicht! Gar keine Angelegenheit. Diese Rumgederei von ihm wegen 'nem Kind. Ganz schnell: Wenn ich's in die Ecke neben den Lehnstuhl bette..., und auf das Feld kann ich's mitnehmen...« Also die Sache ist erledigt. Wissen Sie: »Auf das Feld nehm ich's mit. Siehst du, wie es lacht?« Schon erledigt. So einen schnellen Überschlag machen. »Mann, wir haben ein Dach überm Kopf...« – Die Sache ist erledigt. Das ist kein Überlegen mehr, sondern jetzt finden Sie Gründe. So einfach ist es ja gar nicht. Aber Sie machen sich's ganz einfach. Er hat gesagt »durchfüttern« – das kostet was, »aufnehmen« – da sind die Ausgaben nicht drin. Sie hat das auf-ge-nommen. Aber Füttern und Kleider kaufen und Milch, dann kommen später: Schuhzeug... – davon ist jetzt aber nicht die Rede. Es ist nur aufgenommen worden. Sozusagen Reisende, vom Regen überrascht, werden in der Hütte aufgenommen. Na ja, was ist das? Sie warten eine Stunde, ist der Regen rum, gehn sie wieder weg. Sie verstehen.

BRECHT Ich glaube, Sie können schon früher Ihre Entschlossenheit zeigen. Es ist entschieden. Außerdem sind es Frauenangelegenheiten, die gehen ihn überhaupt nichts an. Wenn Sie gehindert würden beim Kochen oder aufs Feld zu gehen durch das Kind, das geht ihn was an. Es ist eine Arbeitskraft. Aber wenn Sie das erledigen können selber, ohne daß die täglichen Geschäfte leiden, dann geht's ihn einen Dreck an. So wie das Milchgeld.

Die Bäuerin trägt es hinein, der Bauer folgt protestierend.

BRECHT Vor Sie ihr folgen, schauen Sie ihr – es ist ein Überfall – ganz verdattert, ganz erstaunt nach, schütteln den Kopf und gehen hinein. Kleine Pause. Finster den Kopf schütteln: das ist toll! Wie soll man dann durchkommen? Also nochmal rumschauen in der schwachen Hoffnung, ob Sie nicht noch irgend jemanden entdecken, der es da hergelegt hat und den Sie verbindlich machen könnten. Nur in die Weite lassen Sie, eigentlich ohne große Hoffnung, den Blick schweifen. Nicht gleich folgen. Das muß nämlich noch ausgedrückt werden: Wenn Sie ihr gleich folgen, dann meint man, jetzt gibt's einen Krach drin, und man kann nie wissen, wer den Kopf durchsetzt. Erstaunt nachschauen, dann den Kopf schütteln über die Schwäche des weiblichen Geschlechts, und vor allem über die Schwäche des männlichen Geschlechts. – Das kann er nicht immer haben. Er kann nicht in beliebiger Menge fremde Kinder aufziehen. Das ist ausgeschlossen. Das ist schon ein größerer Vorfall. Katzen, ja gut, aber feine Kinder? Da müßte er eine Farm anlegen. Also ich würde da stehen bleiben, dann den Kopf schütteln und dann erst reingehen, damit man weiß: er wird auch da drin nicht mehr viel machen können. Der Fall ist entschieden. Die Stärke der Schwäche der Frau.

Notate von Probendetails

Wie sich der fette Fürst beim Eintreffen des Meldereiters
aus der Hauptstadt verhält
BRECHT Jetzt haben Sie Ihr Spiel mit diesem gefährlichen Reiter. Das sind immer große Gefahren für Sie, wenn sich hinter Ihrem Rücken Dinge abspielen, die es dem Gouverneur doch noch ermöglichen, den Reiter heranzuwinken. Es wäre sehr schön, wenn Sie hauptsächlich mit dem Reiter beschäftigt sind und sich mit dem Gespräch, das selbstverständlich ablenken soll, nur nervös abgeben. Immer wieder geht ein Blick hinüber. Sie gehen auf die Gouverneurin ein, aber es stört Sie dieser verdammte Reiter. Über die Zukunft können Sie mit der Gouverneurin leicht sprechen, sie wird nicht mehr eintreffen. Am Abend hat der Gouverneur keinen Kopf mehr, das ist sicher. Aber man müßte wissen, was der Reiter will.
7. Mai 1954

Simon
BRECHT Simon ist ein Mann mit Haltung und Selbstbewußtsein und Würde. Da gibt es keinen unüberlegt-schnellen Satz, alles ist gründlich und durchdacht. Er spricht so, daß auch noch seinen Enkeln wortwörtlich überliefert werden kann, was er einmal gesagt hat. Da ist eigentlich kein Wort, das nicht in seine Biographie gehörte.
5. Dezember 1953

Die Ärzte
Die beiden Ärzte überbieten sich in Haß und Mißgunst aufeinander und in Unterwürfigkeit vor »Ihrer Gnaden«. Brecht spielt die Szene mehrmals vor.

BRECHT Beide wissen, es geht nicht nur um den Kopf, sondern auch um das Honorar. Sie verfügen vor allem über die Fähigkeit, das Rückgrat krumm zu machen und giftige Pfeile auf den Nebenbuhler abzuschießen.

ZWEITER ARZT ... die Badewassertemperatur ist die von unserm geliebten großen Mishiko Oboladze angebene ...
BRECHT Das muß groß kommen. Jetzt haben Sie ein Zitat! Da kann niemand gegen an! Spielen Sie es aus!
5. Dezember 1953

Die Gouverneurin

Bei den Proben am I. Akt war mehrfach der gleiche Einwand erhoben worden: Die Gouverneurin entdeckt am Schluß der Panikszene das Feuer der brennenden Vorstadt und wird – fast ohnmächtig und jedenfalls völlig willenlos – vom Adjutanten herausgezogen. Man wandte dagegen ein, daß die Gouverneurin ja für das Vergessen des Kindes nicht verantwortlich gemacht werden könne, wenn sie ohnmächtig ist, und daß sie keine Schuld am Zurückbleiben des Kindes hat, wenn sie nicht selbst flieht, sondern weggebracht wird.

Brecht meinte heute dazu, daß diese Auffassung von Schuld und Nicht-Schuld der Gouverneurin gänzlich am Stück vorbeigehe. Das wäre ein primitiver Rechtsfall, etwa dem zu vergleichen, wenn jemand ein Fahrrad irgendwo jahrelang stehen läßt und sich nicht kümmert – und dann plötzlich kommt und es zurückhaben will. Bei dem Richterspruch des Azdak spielt die Frage, ob die Gouverneurin das Kind leichtfertig oder nicht leichtfertig zurückgelassen hat, ob sie damals schuldig war oder nicht schuldig, überhaupt keine Rolle. Was bei der Verhandlung in dieser Beziehung vorgebracht wird, interessiert ihn höchstens, um die beiden Parteien menschlich kennenzulernen. Der Witz ist gerade, daß Azdak in der augenblicklichen Situation entscheidet und urteilt, wer *jetzt* das Recht

der Mutter auf das Kind hat. Hierbei verspielt die Gouverneurin. Denn die Kreidekreisprobe ist eine echte Probe, Azdak
entscheidet wirklich durch sie, wer besser geeignet ist, das
Kind zu haben.
29. April 1954

Logische Überlegungen
Geprobt wird die Szene im Bauernhaus, vor dem die Grusche
das Kind niedergelegt hat. Brecht fällt plötzlich auf, daß das
von Grusche mitgeführte Bündel kleiner als bisher geworden
ist. Er fragt die Schauspielerin nach dem Grund und bekommt
zur Antwort: »Das ist doch logisch. Ursprünglich habe ich
eine ganze Menge Sachen aus dem Palast mitgenommen. Inzwischen aber habe ich das Kind verpackt und dabei Sachen
aus meinem Bündel verwenden müssen. Außerdem trage ich
jetzt wegen der Kälte ein Tuch um die Schultern, das sich
ebenfalls in meinem Bündel befunden hat. Weiterhin habe ich
andere Kleidungsstücke – und was ich sonst noch in meinem
Bündel hatte – gegen Milch, Unterkunft und Verpflegung ein-
getauscht. Das Bündel *muß* also kleiner geworden sein, und
das will ich hier realistisch zeigen.«
BRECHT Sie gehen davon aus, daß eine logische Überlegung
immer richtig sein muß. Das ist keineswegs der Fall. Hier
zum Beispiel wäre von der Voraussetzung ausgegangen worden, daß die Grusche auf ihrer Flucht nicht gestohlen hätte.
Das würde wahrscheinlich mit dem »lauteren Charakter« der
Grusche begründet, für die »Stehlen« nicht in Frage komme.
Und das ist gefährlich. Man sollte niemals vom Charakter
einer Figur ausgehen, denn der Mensch hat keinen Charakter.
Bei der Grusche wird – unter den Umständen, in denen sie
lebt – vielleicht sogar verlangt, daß sie stiehlt, wenigstens
wenn es notwendig ist – gerade damit sie ein »positiver Charakter« wäre. Es liegt in der Richtung des Stückes, zu zeigen,
was es die Grusche kostet, für das Kind zu sorgen. Wir wer-

den also in Zukunft das Bündel wieder größer – vielleicht größer als am Anfang machen. Es ist natürlich die Frage, ob unsere Zuschauer die »Hintergründe« jener Maßnahme erkennen, aber das ist nicht so wichtig. Wenn sie darüber nachdenken – was sie ja auch bei einem verkleinerten Bündel tun müßten –, kommen sie vielleicht auf eine ähnliche Lösung. Gut ist, was wir tun, auf jeden Fall für die Anlage einer vielschichtigen Person, wie es die Grusche ist. Und interessant – zumindest für die Regie und alle, die das jetzt mit durchdenken – ist die bewußte Anwendung des Widerspruchs.

26. August 1954

Die Hütte des Azdak

BUSCH Ich möchte gern, daß die Hütte verschließbar ist.

BRECHT Natürlich, sonst kann ja jeder jeden Augenblick hereinkommen. Aber wo ist der Riegel?

BUSCH Ich meine: er muß von außen und innen zuschließen können.

BRECHT Halt, von außen auch? Es gab doch keine Schlüssel? Was machten die denn? Gestohlen wurde enorm. Aber was war denn dagegen?

BUSCH Jedenfalls wird sogar sein Käse gestohlen. Da sind ja auch Ratten und Mäuse. Das könnte man in einen Krug geben mit einem Stein drauf.

BRECHT Ja. Aber sagen Sie, wie haben die das wirklich verschlossen?

BUSCH Der Schauwa wird doch hingehen, wenn er weiß, daß Azdak auf der Jagd ist und wird das Haus durchschnüffeln.

BRECHT Das wird er sicher auch mehrmals gemacht haben. – Von innen verstehe ich, gerade wenn er einen Hasen hat. Aber von außen, das dürfen wir, glaube ich, gar nicht andeuten. Da entstehen unbeschreibliche Fragen.

BUSCH Aber man muß doch von außen auch irgendwie abriegeln.

BRECHT Ich glaube, das lassen wir ruhig auf. Azdak ist ein armer Mann, nur von innen muß er zuschließen können, wenn er gerade einen Hasen hat.

BUSCH Ich bin nur dafür, daß wir das alles jetzt Stück für Stück festlegen.

BRECHT Ja, wir müssen das jetzt alles genau sagen. Wir müssen mit den Requisiten ja auch spielen. Alles muß rechtzeitig angefertigt werden und nun schon bald da sein. – Aber wenn wir das hier so verantwortungsbewußt gestalten, was ist dann mit unseren anderen Domizilen?

BUSCH Ich will ja nur haben, was zum Spiel unbedingt notwendig ist. In spanischen Hütten beispielsweise ist nur das in der Stube, was man jederzeit braucht.

BRECHT Übrigens, woraus besteht das Lager? Das müßte eine ganz primitive Sache sein: Holzgerüst und Matte – fertig. Überhaupt muß es am Schluß ganz arm und einfach sein.

11. Mai 1954

Azdak und Schauwa

Nach dem Textbuch sitzt Azdak auf dem Boden und rasiert sich, mit Schauwa sprechend. In den bisherigen Proben hatte sich Brecht daran gehalten: Schauwa hielt die Seifenschale. Busch stieß sich daran, daß eine »Rasierszene« bereits im »Puntila« vorkomme und schlug deshalb eine andere Tätigkeit für den Azdak vor. Er probte heute den Text zu einem Schachspiel. Das schien zunächst ein guter Vorschlag, weil Azdak jeden Satz mit einem entsprechenden Zug unterstreichen und Schauwa dabei »in die Enge getrieben« werden konnte. Jedoch stellte sich sehr bald heraus, daß beim Schachspielen eine wichtige Stellung verlorengeht. Schauwa muß sich dazu hinsetzen. Es ist aber schöner, wenn er steht, weil Azdak ihm einen »Vortrag« hält, ihm eine Art philosophischen Unterricht gibt. Busch sah diesen Einwand Brechts sofort ein und wollte zu der im Buch angegebenen Tätigkeit zurückkehren.

BRECHT Ich möchte gern, daß wir darüber nachdenken. Auf das Rasieren kommt es nicht an. Es wäre aber schön, wenn Azdak irgend etwas macht, vielleicht seine Schuhe flicken oder so etwas. Oder er setzt einen Flicken auf die Hose, repariert sie.

BUSCH Er könnte sich auch einen Knopf annähen.

BRECHT Nein, das ist wieder nicht wichtig genug. Man muß schon sehen, daß es sich um eine größere Sache handelt und daß er etwas wirklich Notwendiges tut. Die ganze Zeit haben wir gesehen: Ununterbrochen nimmt Azdak – aber am Ende hat er nichts. Unter der Richterrobe hat er dieselben kaputten Sachen wie früher als Schreiber. Und jetzt sind sie sogar so zerrissen, daß er sie flicken muß.

Übrigens – fährt Brecht fort, nachdem Busch in dieser Weise probt –, es ist auch ganz schön, daß Azdak es selbst macht und diese Arbeit nicht durch Schauwa ausführen läßt. Schauwa ist für das Gericht da. Das hier aber ist eine private Angelegenheit, dafür nützt er ihn nicht aus. Er nützt ihn überhaupt nicht persönlich aus.

11. März 1954

Fragen und Antworten

x Soll die Selbstanklage des Azdak im Gerichtshof ironisiert werden?

BRECHT Azdak meint es ehrlich mit seiner Selbstbezichtigung, denn er hat Angst. Die Details müssen so ausgearbeitet werden, daß der Vorgang nicht rhetorisch wird. Eine andere Sache ist, daß Ernst Busch die Szene mit Ironie spielt.

x Haben Azdak und Schauwa ihren Auftritt im Gerichtshof miteinander abgesprochen?

BRECHT Es ist kein ausgemachtes Spiel. Im Gegenteil, Schauwa hält den Azdak echt zurück. Azdak zwingt den Schauwa zu etwas, was der nicht kapiert. Er ist hilflos: da kann man gar nichts machen, so ist nun mal unser Schreiber Azdak.

x Wieso bemerkt der Azdak erst so spät, daß er sich geirrt hat. Die Panzerreiter geben ihm doch gar keinen Anhalt, an die Revolution des Volkes zu glauben.

BRECHT Azdak bemerkt seinen Irrtum nicht »so spät«, sondern wann er ihn eben bemerken kann. *Solche* Irrtümer werden immer erst durch Nackenschläge klar.

x Wieso hängen die Panzerreiter den Azdak nicht auf, wie sie es mit den Teppichwebern getan haben? Was haben sie für einen Grund, ihn laufen zu lassen?

BRECHT Da gibt es viele Gründe. Der erste ist: weil dann das Stück aus wäre. Aber wenn Sie wollen, gibt es auch psychologische Gründe, zum Beispiel: weil sie müde vom Totschlagen sind; weil sie besoffen sind; weil es ihnen Spaß macht, über Tod und Leben entscheiden zu können. Außerdem imponiert ihnen dieser Azdak, der hier unter freiem Himmel solche unglaublichen Lieder singt, von denen sie höchstens mal gerüchtweise gehört haben. Und dann imponiert ihnen auch, wie dieser Kerl sich ausredet. Das kann man lernen von dem. Schließlich sehen sie aus nächster Nähe, wie wechselvoll die Zeitläufte sind und haben ja selbst schon mehrmals solche Veränderungen mitgemacht. Also: sie tun sich etwas zugute, ihn freizulassen.

x Ist das Verhalten der Panzerreiter zu dem Fürsten nicht zu aufsässig? Er ist doch der neue Herrscher. Werden die Zuschauer nicht verblüfft sein?

BRECHT Was für ein Grund besteht, daß das Verhalten der Panzerreiter nicht »verblüffend« sein sollte? Es sind wilde Zeiten. Die alte Herrschaft ist gestürzt, die neue noch nicht gefestigt. In diesen Übergangsperioden besteht die große Zeit der Panzerreiter. Man braucht sie, also können sie sich auch etwas leisten. Außerdem sind sie besoffen. Am nächsten Tage sieht alles vielleicht schon wieder ganz anders aus.

x Ob denn unsere Zuschauer das alles verstehen werden?

BRECHT Was?

x Nun, wie alles zusammenhängt ...

BRECHT Wichtiger sollte uns sein, daß unser Publikum erkennt, wie widersprüchlich alles ist. Wir müssen weniger darauf achten, daß alles zusammenläuft, und mehr darauf, daß die einzelnen Dinge getrennt werden.

5. Februar 1954

Der Neffe

BRECHT Sie müssen laut sprechen. Sie wissen ja, daß das ganze Volk – alle Leute vor den Toren und auf dem Platz – zum ersten Male die Stimme – *Ihre* Stimme – vernimmt und weiß, wen es nun als Richter hat. Ich würde das alles mit Größe sagen und ebenso auch das Examen durchführen. Denn es ist ja nur durch Ungerechtigkeit, daß Sie den Sitz schließlich nicht bekommen – weil hier parteiisch vorgegangen wird. – Das Volk wartet inzwischen draußen, es wartet, bis es wieder betteln kann. Es kann mal einer plötzlich aufstehen und bißchen zuhören. Aber da ist von Sachen die Rede, die sie nichts angehen, nämlich vom Krieg. Einer hält vielleicht auch mal seine Bittschrift durch den Zaun. Das ist aber schon viel. Mehr zu machen, wäre hier weniger.

13. Mai 1954

Azdak beurteilt die Rechtslage

BRECHT Grusche ist ihm sympathisch, die Gouverneurin unsympathisch. Außerdem ist Grusche arm, die Gouverneurin reich. Das genügt. Damit ist alles schon entschieden. Nun muß Azdak nur noch aufpassen, daß nichts herauskommt, was Grusche wirklich belastet. So muß er seine Fragen einrichten, und deshalb muß er rechtzeitig den Advokaten unterbrechen. Dem Azdak macht Spaß, daß Grusche und ihre Leute sich alles so gut ausgedacht haben. Das ist bei aller Schwindelei doch gut, das imponiert ihm.

Azdak hat den Sprichwort-Kampf mit Simon verloren. Das ist ärgerlich. Er sitzt verstimmt auf seinem Stuhl.

BRECHT Es ist immer die alte Geschichte. Dieses Gesindel weiß niemals, wie es sich vor Gericht zu benehmen hat. Grusche wird frech und zeigt den Hintern, und Simon zeigt – was noch schlimmer ist – seine Intelligenz. Azdak ist beleidigt.

8. Februar 1954

Aufgeschrieben von Hans Bunge

Hans Bunge
Vorspiel

Im Vorspiel einigen sich zwei grusinische Kolchosen über den Besitz eines Tals, auf das beide Anspruch erheben. Es wird denen zugesprochen, die es am besten verwalten: die es bewässern, damit es Frucht bringt.

Mitglieder zweier Kolchosdörfer versammeln sich in einem Tal des Kaukasus. Sie betrachten die Trümmer eines zerstörten Dorfes. Bei ihnen ist eine Sachverständige aus der Hauptstadt, unter deren Leitung eine Diskussion stattfindet. Die Bauern stehen und sitzen in Gruppen – getrennt nach ihren Kolchosen – rechts und links von der Sachverständigen. Sie trinken Wein und rauchen. Später wird der berühmte Sänger Arkadi Tscheidse dazugeholt.

Der Ziegenzuchtkolchos »Galinsk« ist auf Befehl der Regierung aus dem Tal evakuiert worden, als die Hitlerarmeen anrückten. Nach Vertreibung der faschistischen Truppen erwägt der Kolchos die Rücksiedlung, weil alle an der alten Heimat hängen und weil den Ziegen dort das Gras besser schmeckte.

Angehörige des benachbarten Obstbaukolchos »Rosa Luxemburg« haben als Partisanen in den umliegenden Bergen die Heimat verteidigt. In Kampfpausen ist ein Plan ausgearbeitet worden, wie durch künstliche Bewässerung der Obstbaukolchos größer und ertragreicher wieder aufgebaut werden kann, zum Beispiel durch Anlage neuer Weinkulturen. Das Projekt würde sich jedoch nur unter Einbeziehung des strittigen Tals lohnen.

In der Diskussion wiegen die Argumente der Vernunft schwerer als die der Heimatliebe, weil man »ein Stück Land eher wie ein Werkzeug ansehen muß, mit dem man Nützliches herstellt«.

Aus Freude über die gemeinsam gefundene gute Entscheidung will der Kolchos »Rosa Luxemburg« im Anschluß an die Diskussion ein Theaterstück vorführen: die berühmte »Geschichte vom Kreidekreis«. In einem Gleichnis soll erzählt werden, wie das Recht auf eine Sache abhängig ist von der Arbeit, die man dafür leistet. Und durch die Darbietung sollen alle erkennen, was sie soeben erlebt haben: daß es in der bestehenden Gesellschaftsordnung möglich geworden ist, auf vernünftige Weise vernünftiges Recht zu finden und vernünftig durchzusetzen.

Die Geschichte des Vorspiels findet statt in einem Lande, in dem schon eine sozialistische Gesellschaftsordnung besteht. Der Streit um den Besitz eines Tals, in dem ein ganzer Kolchos beheimatet war, wird innerhalb kurzer Zeit, in gemeinsamer Diskussion und ohne Zuhilfenahme formalen Rechts oder eines Richters, auf gütlichem Wege und für alle befriedigend gelöst.

Die Regie muß das Neue und Besondere dieser Verhaltensweise zeigen, die zu anderen Zeiten in Grusinien – und heute noch in vielen anderen Ländern der Welt – nicht hätte stattfinden können, weil der Besitz eines Tales durch Kriege »geregelt« worden wäre.

Die Schwierigkeit für die Regie besteht darin, daß die Zuschauer hierzulande (aber auch die Schauspieler und die Regie selbst) noch keine Vorbilder dieser Art haben, an denen sie sich orientieren könnten.

Weil eine kriegerische Lösung des Streitfalls für die Mitglieder beider Kolchosen von vornherein so ganz und gar ausgeschlossen ist, daß jeder Hinweis darauf fehlen muß, kann eintreten, daß das Publikum das Verhalten der Kolchosbauern als ebenso selbstverständlich hinnimmt, wie es von den Darstellern auf der Bühne zu zeigen ist. Statt dessen sollte das Publikum erstaunt bemerken, daß es einem ungewöhnlichen Vorgang beiwohnt, wenn ein solcher Streitfall auf vernünftige Weise, durch Verhandeln, geregelt wird. Am ungewöhnlichsten ist, daß die Geschichte hier schon ganz gewöhnlich geworden ist. Die Regie muß weiterhin klarmachen, daß die Diskussion, mit so viel Spaß sie geführt wird, trotzdem ernsthaft ist, und daß der Ausgang der Diskussion schwerwiegende Folgen hat. Keinem der Kolchosbauern ist gleichgültig, wem das Tal zugesprochen wird. Am Schluß siegen die besseren Argumente.

I

Die Besitzverhältnisse werden im Kriege, aber sie werden auf friedliche Weise geklärt. Dennoch wissen alle, was Krieg ist. Aber sie sind nicht kriegerisch geworden. Die Angehörigen des Kolchos »Rosa Luxemburg« sind, um den Frieden wiederherzustellen, Partisanen geworden und haben gegen faschistische Truppen Krieg geführt.
Um ihre Heimat wiederaufbauen zu können, haben die Bauern selbst Feuer an ihre Meierei gelegt.
Als der Plan einer neuen Bewässerungsanlage ausgearbeitet wurde, war es ebenso schwierig, einen Bleistift zum Aufzeichnen des Plans wie Munition für die Waffen zu beschaffen, mit denen die Durchführung des Plans gesichert wurde. Die Diskussion um das Tal ist entstanden wegen der kriegerischen Ereignisse, und sie muß ihretwegen beschränkt werden.

Die Regie der Berliner Aufführung ging so vor:

EIN ALTER BAUER RECHTS: Unsre schöne Meierei. Alles Trümmer!
EINE JUNGE TRAKTORISTIN: Ich habe das Feuer an die Meierei gelegt, Genosse.

Die Zerstörung der Meierei ist für die Angehörigen des Kolchos »Galinsk« schwer zu verstehen. Es wird nicht bestritten, daß das gemacht werden durfte, aber – etwa freudige – Zustimmung kann die Tat bei den jetzt zurückgekehrten Besitzern nicht erregen. Es entsteht eine beklemmende Pause, und die zur Beratung gemeinsam aufgetretene Gruppe teilt sich jetzt in die beiden Kolchosen. Die Delegierte bemerkt die Verstim-

mung und überdeckt die schwierige Situation. Sie beginnt trok-
ken und geschäftsmäßig mit der Verlesung des Protokolls.
Die Umstände, unter denen der Bewässerungsplan entstanden
ist, haben entscheidende Bedeutung für den Gang der Verhandlung.

DIE JUNGE TRAKTORISTIN: Genossen, das Projekt ist ausgearbeitet
worden in den Tagen und Nächten, wo wir in den Bergen hausen mußten
und oft keine Kugeln mehr für die paar Gewehre hatten. Selbst die Be-
schaffung eines Bleistifts war schwierig.

Es entsteht eine erwartungsvolle Pause. Der alte Bauer vom
Kolchos »Galinsk« steht auf, geht den langen Weg zum Kolchos »Rosa Luxemburg« hinüber und schüttelt der jungen
Traktoristin die Hand. Auf beiden Seiten gibt es Beifall: für
die Verteidiger der Heimat und für den alten Bauern, der die
Argumente der Verteidiger anerkannt hat. Ohne sie könnte
man jetzt überhaupt nicht verhandeln.

DER ALTE BAUER RECHTS: Zunächst möchte ich noch einmal gegen
die Beschränkung der Redezeit protestieren. Wir vom Kolchos »Galinsk«
sind drei Tage und drei Nächte auf dem Weg hierher gewesen, und jetzt
soll es nur eine Diskussion von einem halben Tag sein!
EIN VERWUNDETER SOLDAT LINKS: Genosse, wir haben nicht mehr
so viele Dörfer und nicht mehr so viele Arbeitshände und nicht mehr so
viel Zeit.
DIE JUNGE TRAKTORISTIN LINKS: Alle Vergnügungen müssen
rationiert werden, der Tabak ist rationiert und der Wein und die Diskussion auch.

Diskutieren ist etwas Herrliches. Man hat Genuß an den
Argumenten, die ungeordnet und unformell in die Debatte
geworfen werden. Die Gespräche werden schnell und heiter
geführt, man hat Spaß an dem Hin und Her. So könnte man
drei Tage diskutieren. Aber leider ist jetzt die Zeit nicht dazu
da. Das muß man entschuldigen. Wenn dem alten Bauern vom
Kolchos »Galinsk« die Redezeit beschnitten wird, geschieht
das nicht ungeduldig. Alle verstehen seine Beschwerde. Daß
man den Tabak und den Wein rationieren muß, ist schlimm.
Schlimmer ist, daß man auch das Reden rationieren muß.

Die Entscheidung fällt zugunsten des Kolchos, der die besseren Argumente hat, aber vorher kann jeder Kolchos seine Argumente verteidigen.

Das Ergebnis der Diskussion wissen alle voraus, aber es wird erst gefunden.

Die Sachverständige leitet die Diskussion, aber sie bestimmt nicht ihr Ergebnis.

Die beiden Kolchosen stehen sich gegenüber, aber sie stehen sich nicht antagonistisch gegenüber.

Jedes Argument wird ernstgenommen, auch wenn es lustig ist, aber es wird erst geprüft.

Die Regie der Berliner Aufführung ging so vor:
Die Delegierten vom Kolchos »Galinsk« bringen die Gründe für die Rückforderung des Tals in der Reihenfolge ihrer Wichtigkeit vor. Die Ziegenherden haben früher bessere Milch gegeben. Zum Beweis ist ein Käse mitgebracht worden. An dem Käse wird demonstriert, daß der Kolchos »Galinsk« das Tal zurückhaben muß, weil man sonst nie wieder guten Käse haben wird. Der Käse ist von großer Bedeutung. Er ist mehrmals in Tücher eingeschlagen, wird behutsam getragen und umständlich und sorgsam ausgewickelt. Die Überreichung des Käses wird zu einem historischen Augenblick gemacht. Dann wird der Käse über die Köpfe an alle Anwesenden weitergegeben. Jeder schneidet sich ein Stück ab, auch die Delegierte erhält eine Kostprobe. Das Abschneiden vom Käse ist jedesmal eine feierliche Handlung. Der alte Bauer vom Kolchos »Galinsk« beobachtet genau, wie der Käse gegessen wird und wie er schmeckt. Seine Fragen sind erwartungsvoll, und er ist ehrlich entrüstet, weil der Käse, der seiner Meinung nach nicht schmecken kann, allen schmeckt.

Manfred Wekwerth
Kunst und Politik

Man schrieb das Jahr 1954. Brecht hatte gerade seine berühmte Inszenierung »Der kaukasische Kreidekreis« beendet, in der Busch die Rolle des Armeleuterichters Azdak spielte. Dieser Richter – einst ein armer Dorfschreiber – gelangt in den Wirren einer Palastrevolte der großen Herren zufällig auf den Richterstuhl der Stadt Nukha des alten Orient. Ausgestattet mit den Erfahrungen des Hungers und der Armut bricht dieser »gute schlechte Richter« das herrschende Recht, und für kurze Zeit herrschte die Gerechtigkeit in Nukha.

Brecht brachte wenige Tage nach der Premiere eine Fotografie mit in die Dramaturgie unseres Theaters und forderte uns auf, sie gut zu betrachten. Die Fotografie zeigte Busch als Richter Azdak, wie er in der Verhandlung um das Kind des Gouverneurs im sechsten Akt gerade einer langen rührseligen Rede der wirklichen Mutter, der Gouverneurin, zuhört. Sie hofft, mit vorgetäuschtem Mutterschmerz das Kind von der Ziehmutter, der Magd Grusche Vachnadze, zurückzuerobern, weil an das Kind die Erbschaft gebunden ist. Wir fanden das Foto fotografisch gelungen, wunderten uns im übrigen, wieso wir gerade über dieses Foto zu befinden hätten. Brecht bemerkte das und fragte gereizt, ob wir jemals etwas von politischer Kunst gehört hätten. Ich hatte viel darüber gehört. Politische Kunst schien mir eine Kunst, die politische Themen zum Inhalt hat. Diese Art (oder wie ich glaubte, Abart) der Kunst bedurfte des speziellen politischen Wissens. Daneben, glaubte ich, gab es die große Kunst, die »menschliche« Themen gestaltete und die des Wissens um »Menschliches« bedurfte. Und ein solches »menschliches« Thema schien mir der Kampf der beiden Mütter um das Kind, denn das Mütterliche im Menschen soll doch angeblich einer der ewigen Bestandteile sein. So etwa waren meine festen und falschen Meinungen. So verstand ich Brechts Angriff nicht, denn ich verstand nicht, was das Zuhören eines Richters bei der rührseligen Rede einer Mutter mit Politik zu tun haben soll.

Zur Politik gehöre vor allem der politische Blick, ein schwieriger, aber nützlicher Blick, meinte Brecht und verlangte, wir sollten das Foto noch einmal mit neuem Blick betrachten. Was zeigt es, fragte er. Einen gewöhnlichen Richter in einer gewöhnlichen Verhandlung? Nein. Da sitzt in der gewaltigen, furchterweckenden roten Richterrobe ein Mann, der eigentlich nicht hineingehört. Buschs Haltung teilt keineswegs die Feierlichkeit des Gewandes, er sitzt darin wie ein gewöhnlicher Mensch: ein wenig zusammengesunken (als drücke ihm die Richterrüstung die Schultern herunter), faul in die Ecke des großen Stuhles gelehnt, die Beine übereinandergeschlagen, daß die zerlumpten Beinkleider unter dem Satin hervorlugen (als wolle er stolz seine Armut hervorweisen, die ihn einzig befähigt, das herrschende Recht in wirkliches Recht zu verdrehen). Mit schiefem Kopf, aus einem Winkel der Augen sieht er zur Gouverneurin hinüber, die ihn mit Aufgebot der ganzen Seele von ihrem Mutterschmerz zu überzeugen gedenkt. Er erinnert an einen erfahrenen Gewerkschafter, der die »menschlichen« Entschuldigungen des Kapitalisten für die Lohnsenkung entgegennimmt: mißtrauisch, nicht ohne Belustigung über diese »Menschlichkeit«, die allein schon durch die Art des Zuhörens ihrer Unmenschlichkeit überführt wird. In jedem Detail dieser an und für sich alten und menschlichen Geschichte, meinte Brecht, spricht die vierzigjährige Erfahrung Buschs im Klassenkampf. Mit großen Mitteln der Schauspielkunst decke hier ein großer Schauspieler in jedem noch so »menschlichen« Vorgang seine Ursache, den Klassenkampf, auf. Erst so würde der Vorgang für uns wirklich menschlich: nämlich für Menschen durchschaubar und änderbar. Das Große an diesem Schauspieler sei, daß er – darstellend eine scheinbar friedliche Szene im Gerichtshof – prinzipiell keine andere Haltung einnähme als auf den Barrikaden des kämpfenden Spaniens. Ohne das wäre Busch nicht Busch und also kein großer Schauspieler. Busch könne niemals vergessen – weil er eben kämpfen gelernt hat –, daß alles, was wir in unserem Staat tun, ob wir Theater spielten oder die Qualität der Textilien verbesserten, Kampf – Klassenkampf sei. Ohne diese Haltung und ohne diese Einsicht sei eben keine große Kunst möglich.

»So meinen Sie also«, warfen wir ein, »die Politik macht die Kunst vielfältiger und reicher und nicht etwa, wie viele meinen, enger?« – »Nein«, erwiderte Brecht, »Kunst *ist* in jedem Detail – bei der Darstellung der Liebe ebenso wie bei der des unmittelbaren Kampfes – politische Arbeit, wie anders soll sie uns – die wir nur durch den politischen Kampf existieren können – nützlich sein? Kunst, die keinen Nutzen bringt, ist keine Kunst. Was, zum Teufel, sollte uns veranlassen, mit vielem Aufwand, der uns Geld kostet, Stücke zu spielen, die uns politisch keinen Nutzen bringen, das heißt keinen Nutzen bringen in dem großen Bemühen, die Welt endlich bewohnbar zu machen?«

Paul Dessau
Zur »Kreidekreis«-Musik

Die Fülle und Verschiedenartigkeit des musikalischen Geschehens ist bedingt durch den von Brecht hier einmalig und selten verzweigten Duktus. Schreibt er schon gleich einen »Sänger« vor, dem noch dazu von zwei »Musikern« assistiert wird, so erklärt sich, welche Bedeutung Brecht in diesem Bühnenwerk der Musik zugeordnet hat. So gab es auch für diese gemeinsame Arbeit lange und ausführliche Vorbesprechungen, die oft recht hartnäckig verliefen. Vorschläge wurden gemacht, Ansichten ausgetauscht. Ursprünglich dachte Brecht daran, die Musiker auf der Bühne zu postieren. Doch verwarfen wir diesen zwar prachtvollen, aber schier undurchführbaren Plan, zu dem bereits einige Zeichenskizzen vorlagen.

Bei dieser ungewöhnlich anspruchsvollen Arbeit hatte ich mich auf 9 Musikanten zu beschränken. Wie in der Partitur vermerkt, ist diese für eine Bühnenmusik relativ hohe Zahl für den »Idealfall« gedacht, der bei der Berliner Aufführung unter Brecht »fast erreicht« wurde. Notfalls kann das mit Reißnägeln präparierte Klavier von dem Spieler des für dieses Stück eigens konstruierten Gongspiels bedient werden. Wenn man auf Guitarre, Mandoline und Akkordeon verzichten muß, ist die Musik von 5 Spielern recht und schlecht ausführbar. Es ist klar, daß durch diesen Wegfall ein großer Qualitätsverlust gebucht werden müßte; jedoch vertrat Brecht gern die Auffassung, daß man auch an kleinere Unternehmungen wie Schul- resp. College-Aufführungen und kleinere Theater denken müsse, die besser mit wenigen Musikern als gar nicht in die Lage gebracht werden, die Musik verwenden zu können.

Von dieser Musik existieren etliche Versionen. Besonders das erste Stück hatte die verschiedensten Varianten durchzumachen. Wenn ich heute meine Partitur betrachte, könnte ich mir beispielsweise vorstellen, daß die ersten Passagen des Sängers ohne Begleitung (a capella) vorgetragen werden könnten; die Musik würde dann etwa bei Ziffer 25 wiederum 2 Takte spielen und die »Litanei« des *Sängers* ginge a capella weiter, bis dann 2 Takte vor der Ziffer 30 freilich die Musik wieder einzusetzen hätte, um bis Schluß von No. 1 gespielt zu werden. Mit diesem Beispiel will ich andeuten, daß man vor Variabilitäten bei einer Bühnenmusik nicht zurückschrecken sollte, besonders schon deshalb nicht, weil sie den jeweiligen Darstellern adaptabel gemacht werden muß.

In der Berliner Aufführung fiel die No. 6 (SÄNGER: Auf immer, großer Herr!) fort. (Bei der Vielzahl der Musikstücke – 45 – ist es ganz natürlich, daß das eine oder andere ausbleiben kann.) No. 7 (GRUSCHE: Geh du ruhig in die Schlacht, Soldat) bringt den ersten Gesang der Grusche. Die Musik zeigt eine ganz andere, viel einfachere, eingängige Haltung an. In No. 8 (SÄNGER: Als sie nun stand zwischen Tür und Tor) wird die große Pantomime der Grusche mit dem Kind durch den *Sänger* geschildert. Dies wichtige Stück hat seine Schwierigkeiten und sollte, falls es sängerisch-musikalisch nicht bewältigt werden kann, zumindest gesprochen werden. (Es kann auch melodramatisch behandelt werden.) Die Grusche tut, was der *Sänger* ausdrückt, so wie er es beschreibt. (Dies ist eine Übernahme aus dem chinesischen Theater, die Brecht hier später noch öfter anwendet.) Man bedenke aber, daß ein talentierter, ambitionierter Darsteller gerade bei dieser Pantomime durch die polyrhythmische Musik ungemein viel lernen kann. Ich empfehle aber ungeachtet einer eventuellen Streichung der Pantomime aufs dringlichste das Studium dieses Stückes.

Ab No. 10 beginnen die Wechselgesänge zwischen dem *Sänger* und seinen 2 Assistenten. In Berlin wurden die kleinen Duetti (Part. S. 37) von zwei Frauenstimmen ausgeführt. In Krakau waren es zwei Sänger, wie ich es vorgeschrieben habe. Ich konnte mich so von der Richtigkeit und Schönheit meiner ursprünglichen Vorstellung überzeugen lassen. Übrigens war es da das Erstaunliche, daß sämtliche musikalischen Darbietungen bei der Krakauer Aufführung auswendig vorgetragen wurden. Ich betone das, weil es auch wohl sehr leicht möglich ist, daß der *Sänger* und seine Assistenten von Noten singen können. Den Krakauer Künstlern an dieser Stelle ein großes Bravissimo!

Auf S. 37 der Partitur ist eine Stelle, wo die vorgeschriebene Guitarre leicht vom Klavierspieler übernommen werden kann. Das Duett nehme man (trotz des vorgezeichneten »cantabile«) sehr leicht, dem Text *entgegengesetzt*, nie gehetzt oder in Angst etwa, sondern mit einer geradezu verblüffenden Freundlichkeit, also einem quasi leggiero con anima.

Die bei den Wechselgesängen vorgesehenen Sprungmöglichkeiten ⊕ – ⊕ sind legitim.

No. 17 (GRUSCHE: Da dich keiner nehmen will, Part. S. 55) ist auch a capella zu singen. Für No. 19 (GRUSCHE: Mitgegangen, mitgehangen) möchte ich eine neue Version vorschlagen: Man lasse sprechen: »Mitgegangen . . .« bis ». . . nicht unsern Weg«, dann (1 Takt vor 20) mit dem *Sänger* beginnen (unter Umständen vor 2 Takte von 30 ab »müßte die paar Brocken . . .« wieder gesprochen). Auch ist die No. 20 (GRUSCHE: Dein Vater ist ein Räuber) unter Umständen a capella zu singen.

Mit der No. 22 (»In den nördlichen Gebirgen«) setzt eine neue Qualität Musik ein. Als Quelle [1] hierfür diente ein Heft mit aserbaidshanischen Volkstänzen. Meistens übernahm ich nur Segmente der Melodien und nicht immer notengetreu. Ein einziges Mal ist ein Zitat ein geschlossenes Stück – die Volksweise »Agachanym«, dieselbe, die schon Chatschaturjan in seinem Ballett »Gajaneh« behandelte:

---

[1] Siehe dazu auch: Fritz Hennenberg, Dessau/Brecht, Musikalische Arbeiten, Berlin 1964.

Im Original gibt es noch einen Anhang, aus dem ich nur eine Formel, den Sechzehntel-Viererschlag, transplantierte:

Diese Figur durchzieht, intervallisch abgewandelt, stets aber den charakteristischen Viererschlag wahrend, als rhythmisches Ostinato fünf kommentierende Erzähler-Gesänge (No. 22, 23, 25, 28, 32). In ihnen kommt auch – bis auf den fünften – die Volksweise vor, teils in originaler Gestalt, teils in variierter, zum Beispiel in dieser, für die Gesänge 23, 25, 28 obligatorischen:

Durch die thematische Verwandtschaft wird ein geschlossener Komplex gebildet.

Andere Stücke entlehnen ihren Vorlagen nur Teile, sie neu zusammenstellend und ergänzend. Das folgende Beispiel zeigt Flötenfiguren aus den »Wechselgesängen«. Die eingeklammerten Segmente finden sich in der aserbaidshanischen Volksweise »Ašrafi«:

Manchmal ist die Beziehung des motivischen Lehngutes zur Vorlage nur sehr locker, dann nämlich, wenn das entlehnte Motiv niemals in originaler Gestalt, sondern immer in schon veränderter erklingt. So haben etwa die Flötenfiguren der »Szene am Bach« (Part. S. 83, No. 29) ihr Vorbild in 2 Takten der Tanzweise »Kёdékdéré«, mag die Übernahme auch zugleich eine Umformung bedeuten (freilich nur in bezug auf die Intervallik; die Rhythmik bleibt gewahrt):

Noch weiter entfernt ist die Beziehung im Schlußtanz. Das Motiv

leitet sich hier aus einem Takt der Tanzweise »Mésméji« ab:

Diesem Motiv stellt sich ein zweites, frei erfundenes, gegenüber:

Der Schlußtanz (No. 45) gliedert sich in 8 Abschnitte, denen – abgesehen vom ersten, einer Reminiszens an den »Agachanym«-Volkstanz – entweder das eine oder das andere Motiv zugrunde liegt.

Brecht hat bedauerlicherweise diesen Schlußtanz nie inszeniert. Eine »Polonaise«, bei der die Hauptpersonen des Stücks sich samt dem Pferdchen und seinen Äpfelchen dem publico noch einmal revuehaft präsentierten, fiel ab. Gedacht ist, daß die Musik des Schlußtanzes getanzt und solange gespielt wird, bis das Publikum sich beim Ausgang befindet, immer leiser wird und erst aufhört, wenn die Lichter im Zuschauerraum verlöschen.

Ein neues Instrument

Für die Musik zum »Kaukasischen Kreidekreis« erfand ich ein neues Instrument, das ich *Gongspiel* nenne. Der Leipziger Instrumentenbauer Conrad Katz konstruierte es. Das Instrument besteht aus acht Gongs, die 95% Aluminium, 4% Kupfer und 1% Mangan enthalten. Wären dem Aluminium nicht Kupfer und Mangan zugesellt, wäre der Klang stumpf. Die Zutat von Kupfer härtet den Klang – was besonders das erste Bild des Stückes verlangt.

Das Instrument hat Klaviermechanik mit Unterdämpfung. Das heißt, daß der angeschlagene Ton so lange klingt, wie die Taste heruntergedrückt wird. Läßt man die Taste los, wird der Ton abgedämpft.

Im Gegensatz zum Klavier hat das Gongspiel vier Pedale.

Setzt man Pedal I in Funktion, schiebt sich ein kleiner Teppich, an dessen unterem Ende Eisenplatten angebracht sind, vor die Hämmer. Diese Pedalisierung erzeugt einen stählernen, harten Klang. Pedal II bewirkt, daß sich ein Filzteppich vor die Gongplatten senkt, wodurch der Klang leise und zart wird. Pedal III läßt jeden gewünschten Klang ausschwingen (genau wie das rechte Klavierpedal), und Pedal IV dämpft jeden Ton sofort ab. Verbindungen von Pedalen gibt es selbstverständlich auch; so zum Beispiel I und III (hart und weich, also gemilderte Härte).

Als tiefsten Ton wählte ich das tiefe E:

Die E-Platte nimmt den ganzen Raum des Instruments ein; ihr Durchmesser beträgt 68 cm in der Breite und 62 cm in der Höhe. (Wie beim Klavier die tiefen Töne stärkerer Saiten bedürfen, so auch hier. Man betrachte sich ein Klavier einmal von innen: bei den höheren Tönen werden die Stahlsaiten ständig dünner. Dieselbe Feststellung kann man bei Guitarre, Violine und bei anderen Saiteninstrumenten machen.) Die weiteren Gongplatten nehmen dann um so weniger Raum ein, je höher sie gestimmt sind. Hier die Töne der acht Platten:

Zwei übermäßige Akkorde (1–3–4 und die letzten 3 als Akkorde zusammengefaßt) sind der 8-Tonreihe inhärent. Diese Akkorde kommen – teils simultan zusammengefaßt, teils arpeggiert – oft vor. Sie werden meist miteinander kombiniert, teils in vollständiger Form eines Sechsklangs:

teils um einen ihrer Töne (meist eine der Quinten) gekappt:

Hier einige Akkordkonstellationen:

Das Instrument ist auch einstimmig zu verwenden und läßt leicht eine große Beweglichkeit der einzelnen Platten (Töne) zu, die einzelne Gongs nur schwerlich erlauben. Mehr Töne und Pedale werden größere Möglichkeiten geben.

Karl von Appen
Über das Bühnenbild

Im November 1953 gab mir Bertolt Brecht Bühnenbild und Kostüme für sein Stück »Der kaukasische Kreidekreis« in Auftrag. Er selbst führte Regie. Es war das zweite Stück, an dem ich mit dem Regisseur Bertolt Brecht zusammenarbeitete. Hier, wie auch beim ersten Stück, machte sich gleich der enorme Kunstverstand Brechts bemerkbar, der den gesamten Verlauf der Arbeit auf anregende, erfreuliche Art produktiv machte. Zu Beginn deutete er mir in wenigen Worten an, wie er sich die Aufführung optisch vorstelle, und gab mir den Hinweis: »Krippen, Krippenfiguren«. Gedacht war dabei an die Lust am prächtigen Aufputzen, am Überladen mit kostbaren Dingen, die den Figuren etwas Naiv-Fetischhaftes gaben, wie es im südlichen Deutschland und in Italien zu finden ist. Dann überlegten wir uns, welches Material zur Herstellung der Dekorationen und Kostüme richtig sei. Hier muß ich einschalten, daß die Auswahl des Materials für das jeweilige Stück ein sehr wichtiger Punkt in der Bühnenpraxis Brechts war. Diese Auswahl setzte ethnographische und historische Untersuchungen voraus, in unserem Falle den Kaukasus in »alter Zeit«. Wir entschieden uns für Kupfer, Silber, Stahl, Seidenstoffe für die Feudalen und für Stoffe in Leinenbindung für das Volk. Holz und Leder vervollständigten die Materialliste, die für dieses Stück außergewöhnlich umfangreich war im Vergleich zu anderen Stücken, die durchschnittlich drei Materialarten benötigten. Die Materialliste bildete die Grenzen, innerhalb derer die Phantasie sich frei bewegen konnte und die gleichzeitig das Historische fixierten. Brecht erklärte das so: Er hätte einen Friseur, der ihm die Haare schneiden sollte, angeordnet, sie auf zwei Millimeter herunterzuschneiden; innerhalb dieser zwei Millimeter wäre ihm jede Frisur

Karl von Appen, Bühnenzeichnung, 1. Akt (Kirchgang)

recht. – Innerhalb der Materialbegrenzung mußte ich also Brechts Hinweis auf die im Süddeutschen beheimateten Krippenfiguren in das Kaukasische übertragen. Dabei mußte ich selbstverständlich noch das Spezielle im Gestus der einzelnen Schauspieler beachten.

Ich begann meine Arbeit mit Arrangement-Skizzen. Diese zeigen Gruppierungen von Menschen in ihren Bewegungen innerhalb einer Szene mit der Absicht, die Fabel der Szene deutlich zu machen. Dazu sind viele Skizzen nötig, da ja die Bewegungsabläufe einzeln zu zeigen sind. Die Arrangement-Skizzen sollen zuerst als Anregung die Arbeit des Regisseurs und Schauspielers unterstützen. Im weiteren Verlauf der Arbeit wurde manches an den vorgeschlagenen Arrangements aus dramaturgischen Gründen geändert. Es wurde auch oft

Karl von Appen, Bühnenzeichnung, 2. Akt (Hochzeitsszene)

am Modell mit kleinen Figürchen probiert. Wir gingen von dem Vorspiel aus. Die beiden Parteien, die ihren Streit begraben hatten, plazierten sich auf der Bühne im Hintergrund, um sich das Stück von Kollegen vorspielen zu lassen. Das bedeutete, da die Schauspieler gleichzeitig für das Publikum vor sich und das Publikum hinter sich zu spielen hatten, eine besondere Art des Theaterspielens. Ich versuchte mit den Arrangement-Skizzen, diese besondere Art in eine entsprechende Form zu bringen. Es mißlang. Es mußte mißlingen, da diese besondere Art des Theaterspielens dem westlichen Theater nicht entspricht und eine ganz andere Form der Schauspielkunst entwickelt werden müßte, für die noch keine Notwendigkeit vorhanden ist. Brecht entschied nun, das Vorspiel örtlich vom Stück zu trennen. Ich machte neue Arrangement-

Skizzen, diesmal mit genauen kostümlichen Angaben, die sofort das Einverständnis Brechts hervorriefen.

Ausgehend von den Arrangement-Skizzen konnte nun mit der Arbeit am Bühnenbild begonnen werden. Als erstes baute ich ein Modell 1:20 vom I. Akt. Es war mein Bestreben, nur das auf die Bühne zu stellen, was vom Schauspieler für sein Spiel gebraucht wird – also im I. Akt: der Palast, die Kathedrale und als Hinweis auf die Örtlichkeit ein Prospekt mit der zitierten Stadt. Gebraucht wurden die Tore von Palast und Kathedrale. Diese Tore mußten für den ganzen Palast, für die ganze Kathedrale stehen, sie wurden mit der ganzen Pracht dieser Gebäude bedacht und waren aus Kaschee mit Kupfer- und Silberfolie hergestellt, um den Eindruck einer kostbaren Treibarbeit hervorzurufen. Der Prospekt zitierte die Stadt, wie alle Prospekte nur Zitate darstellten und keinem illusionistischen Zweck dienten. Sie waren Bilder. Brecht schlug vor, die Prospekte wie chinesische Tuschmalereien zu behandeln (gedacht als Hinweis auf die Herkunft der Legende) und auf Seide zu malen. Er ließ es sich nicht nehmen, mich bei meiner Suche nach der geeigneten Seide zu begleiten. Die sonst üblichen Prospektlatten ließen wir weg, so daß die Prospekte beim Herunterlassen und Hochziehen etwas Wehendes bekamen. Darum nannte Brecht sie »Fahnen«. – Nach dem Modell für den I. Akt baute ich dann die Modelle für die übrigen Akte. Brecht und ich saßen nun oft vor den Modellen, stellten um, veränderten, vergrößerten oder verkleinerten, probierten mit kleinen Püppchen Arrangements. Den Raum für die Hochzeitsgäste im Hause der Schwiegermutter zum Beispiel verkleinerte Brecht immer mehr, bis ich glaubte, protestieren zu müssen. Während der Probe auf der Bühne zeigte sich, wie recht er hatte. Das Zusammengepferchte der Hochzeitsgäste im viel zu kleinen Raum, das Bestreben eines jeden, sich Bewegungsfreiheit zu verschaffen, gab der Szene eine herrliche Komik. – Für den II. Akt (Die Flucht in die nördlichen Gebirge) setzten wir die Drehscheibe ein. Den

Fluchtweg bildete der Scheibenrand. Die Scheibe wurde gegenläufig zur Marschrichtung der Grusche in Bewegung gesetzt, sie lief darauf fort, blieb aber immer im Bühnenausschnitt. Ihr entgegen kamen die einzelnen Stationen ihrer Flucht, die Scheibe hielt an, solange die jeweilige Szene spielte, dann wurde die Scheibe wieder in Bewegung gesetzt, und während Grusche weiterwanderte, fuhr die jeweilige Station weg. Das hintere Drittel der Bühne war durch eine »Fahne« abgedeckt, die nicht ganz so breit war wie die Scheibe an dieser Stelle. Hinter dieser Fahne wurden, vom Publikum aus nicht sichtbar, die Dekorationsteile aufgesetzt und an der Fahne vorbei nach vorn gefahren. Ebenso verschwanden sie hinter der Fahne und wurden hinter dieser Abdeckung von der Scheibe heruntergenommen. Auf diese Art konnte die lange, ereignisreiche Flucht ohne Unterbrechung gezeigt werden. Die Notwendigkeit, in Sekundenschnelle die Dekorationsteile von der Scheibe herunterzunehmen und gleichzeitig neu aufzusetzen, ergab, daß alle Dekorationsteile aus leichtem Kaschee hergestellt wurden. Außerdem bot sich mit dem Kaschieren ein künstlerisches Mittel in Richtung »Krippe« an.

Gleichzeitig mit der Arbeit an den Modellen begann ich, die Requisiten-Liste zu malen. Das war eine besonders schöne Arbeit, weil wir, Brecht und ich, uns hier gegenseitig an Erfindungen überbieten wollten. Für ihn war wichtig, daß jedes Requisit in poetischer Form Aussagen machte über den Gebrauch und seinen Besitzer. Brecht hatte eine kindliche Freude an schön behandeltem Material. Jedes Requisit mußte ein Museumsstück sein. Dasselbe galt auch für die Dekorationsteile, die ja eigentlich auch Requisiten sind, zum Gebrauch durch Schauspieler bestimmt. Zum Schluß muß ich noch die Masken erwähnen. Die Verwendung von Masken stieß am Anfang auf Zweifel, ja auf Ablehnung, da die Masken vom Schauspieler eine andere Art von Haltungen und Sprechtechnik verlangten. Für mich waren jedoch die Masken das beste

Mittel, die Schauspieler, die mehrere Rollen spielen mußten (bei der großen Anzahl von Rollen in diesem Stück unumgänglich), zu verwandeln. Und Brecht meinte, daß die Masken auch als ein Mittel der Differenzierung eingesetzt werden könnten. Von den guten Menschen, die ihre natürliche Maske (also keine Maske) tragen, über kleine und immer größere Maskenteile, also teilweise Erstarrung des Gesichts, bis zur ganzen Erstarrung der unmenschlichen Gesichter der Feudalen. Wichtig war hierbei, die Masken nicht als bewußt vorgesetzte Larven erkennbar sein zu lassen, sondern sie der Veränderung des ganzen Kopfes dienstbar zu machen. – Zur Beleuchtung ist zu sagen, daß wir uns für ein helles, kühles Licht für die ganze Bühne, ohne Stimmungszauber, entschieden.

Ich habe versucht, die Arbeit mit Bertolt Brecht am »Kaukasischen Kreidekreis« chronologisch zu beschreiben. So chronologisch ging es aber nicht zu. Jeden Tag stand man vor neuen Problemen, mußte man eine Arbeit abbrechen, um schnell einen anderen Versuch zu machen, um wieder etwas anderes zu verändern oder eine Sache von vorn anzufangen. Jeder Tag war ein erregendes Abenteuer mit Freude und neuen Entdeckungen.

Ich muß sagen, was die Arbeit betrifft, waren die drei Jahre Zusammenarbeit mit Brecht die schönsten meines Lebens.

Joachim Tenschert
Über die Verwendung von Masken

Auf dem Theater kann die Wirklichkeit dargestellt werden in sachlicher und in phantasti-
scher Form. Die Schauspieler können sich nicht
(oder kaum) schminken und sich »ganz natürlich« geben, und alles kann Schwindel sein, und
sie können Masken grotesker Art tragen und
die Wahrheit darstellen. Darüber ist doch kaum
zu streiten: die Mittel müssen nach dem Zweck
gefragt werden.
Brecht, *Volkstümlichkeit und Realismus*, 1938

I

Selten hat die Kritik ein Detail einer Aufführung so sehr ins
Zentrum der Betrachtung gerückt wie die Masken in der
»Kreidekreis«-Aufführung des Berliner Ensembles. Selten hat
man eines unter den Mitteln, den Charakter der Inszenierung
mitzubestimmen, so gierig aus dem Verband der Schwester-
künste gerissen und dermaßen in den Vordergrund geschoben,
daß der Blick auf die Totale des Kunstwerks zeitweilig ver-
stellt war. Was Wunder, daß gerade in diesem Falle Deutun-
gen und Fehldeutungen aufwucherten und kuriose Spielarten
trieben: von der formalistischen Betrachtungsweise, die, *nur*
die Masken im Auge, ausgerechnet der *Aufführung* Formalismus vorwarf – bis zur vulgär-soziologischen, die, unter Beru-
fung auf die verwendeten Masken, glaubte, einer plakativen
Sozialkritik das Wort reden zu können. Wieviel Wissen um
dialektische Entwicklungen und historische Zusammenhänge,
um künstlerische Vorarbeiten und Experimente, theoretische
Überlegungen und praktische Lösungen war augenscheinlich

aus dem Bewußtsein geschwunden. Denn eingeordnet in solche Zusammenhänge – die »Kreidekreis«-Aufführung des Jahres 1954 in die Dialektik bestimmter Versuche Brechts seit den mittleren zwanziger Jahren; das optische Detail der Masken in das größere, auf künstlerische und mehr als nur künstlerische Wirkungen bedachte Anliegen der »Kreidekreis«-Inszenierung – stellt sich auch dieses Problem in schöner Freiheit einer Interpretation und Beurteilung.

Markieren wir also zuerst einige Stationen aus dem Kontinuum jener Versuche, die gewisse Erfahrungswerte ergaben, auf denen die »Kreidekreis«-Arbeiten aufbauen konnten. In der »Mann-ist-Mann«-Inszenierung des Berliner Staatstheaters von 1931 trugen bekanntlich die Soldaten Teilmasken, die sie, unterstützt noch durch weitere ähnliche Erfindungen, wie Ungeheuer erscheinen ließen. Und die Entwicklung der Galy-Gay-Figur war z. B. in vier Phasen eingeteilt, wozu – vom Packergesicht bis zum Soldatengesicht – vier Masken verwendet wurden. Nach Brecht ein Mittel mehr, »der Dramaturgie zu einiger Auffälligkeit« zu verhelfen. – In der Parabel »Die Rundköpfe und die Spitzköpfe«, aufgeführt 1936 in Kopenhagen, waren die Köpfe der Figuren, entsprechend ausgearbeitet, etwa 20 cm hoch, und die Masken zeigten starke Verunstaltungen der Nasen, Ohren, Haare und Kinne. – In ihrer Beschreibung des »Antigone«-Modells von 1948 heben Brecht und Neher ausdrücklich hervor, daß auch die Masken, zu denen erheblich mehr Schminke als sonst üblich verwendet wurde, »etwas erzählen« sollten: z. B. bei den Alten von Theben »die Verwüstungen, welche die Gewohnheit zu herrschen in den Gesichtern anrichtet«. Hier findet man jene künstlerische Erfindung zum Zwecke gesellschaftskritischer Darstellung begründet, die ein Jahr später, in der »Puntila«-Inszenierung des in der Zwischenzeit gegründeten Berliner Ensembles aufgenommen und weiterentwickelt wurde: »Puntila, der Attaché, der Propst, die Pröpstin, der Anwalt, der Richter trugen mehr oder weniger groteske Masken und bewegten sich in königlicher und alberner Weise. Matti, die Frauen von Kurgela, das Gutsgesinde und die Landarbeiter trugen keine Masken und bewegten sich gewöhnlich«, erläuterte Brecht und kommentiert, an die Adresse einer bestimmten Sorte apodiktischer Ästhetiker gerichtet: »Der Einwand, hier handele es sich um Symbolismus, wäre nicht stichhaltig. Es wird keine hintergründige Bedeutung angestrebt. Das Theater nimmt lediglich Stellung und überhöht gewisse Züge der Realität, nämlich Deformierungen der Physiognomien, die sich bei Parasiten finden.«

Man sieht: die Versuche verschiedener Art haben hier ein Stadium erreicht, da summierte Erfahrungswerte die Formulierung neuer ästhetischer Bestimmungen erlauben, die ihrerseits produktiv werden sollen in neuen Versuchen, zuerst hauptsächlich in denen des »Kaukasischen Kreidekreises«. Das allen gemeinsame theoretische Fundament lieferte Brecht im 70. Paragraphen des »Kleinen Organon für das Theater« (1949), wo es heißt: »Die Auslegung der Fabel und ihre Vermittlung durch geeignete Verfremdungen ist das Hauptgeschäft des Theaters. Und nicht alles muß der Schauspieler machen, wenn auch nichts ohne Beziehung auf ihn gemacht werden darf. Die *Fabel* wird ausgelegt, hervorgebracht und ausgestellt vom Theater in seiner Gänze, von den Schauspielern, Bühnenbildnern, Maskenmachern, Kostümschneidern, Musikern und Choreographen. Sie alle vereinigen ihre Künste zu dem gemeinsamen Unternehmen, wobei sie ihre Selbständigkeit freilich nicht aufgeben.«

Man versteht: ebenso wie die genannten anderen theatralischen Mittel kann auch das der Maske nie Selbstzweck sein; nicht isoliert in Erscheinung tretendes (ergo auch nicht isoliert zu beurteilendes) formales Attribut; sondern *ein* Element mit konkreter Aufgabe in dem von Brecht definierten gemeinsamen Unternehmen. Verwendungszweck und Funktion der Maske bzw. von Masken erklären sich hieraus: Auch sie haben dem Zuschauer zur Kritik am Dargestellten herausfordernde

Karl von Appen, Entwurf einer Maske

Aufschlüsse zu liefern, Einsichten gesellschaftlicher Art über die Figuren und ihre Verhaltensweisen. Auch dieses optische Detail ist ein entscheidendes Element des Realismus. Es hilft, den gesellschaftlichen Gestus einer Figur mitzubestimmen. Unterstützt die Art und Weise der Fabelerzählung auf der Bühne. Und die beabsichtigte Beweisführung mit ausgewählten Mitteln der Kunst. Wichtigkeit und Funktion von Bühnen- und Kostümbildnern erklären sich von hier: Mit ihren Arrangementskizzen, Figurinen, Maskenentwürfen griffen Bühnenbildner vom Range Caspar Nehers und Karl von Appens, Kostümgestalter vom Format Kurt Palms stets produktiv ein in die Regie, halfen dem Schauspieler beim Aufbau seiner Figur, bestimmten den Stil, die Ausdrucksform einer Inszenierung mit. Auch dafür bieten gerade die Aufzeichnungen von den Arbeiten an der »Kreidekreis«-Aufführung anschauliche Zeugnisse. Die Notate über Entwicklung und Verwendung von Masken vermitteln darüber hinaus Einblick in die »Werkstatt« der Theaterarbeit.

2

In der Aufführung wurden erstmalig nicht allein im Schminkverfahren hergestellte Masken verwandt, sondern auch aus besonderem Material gefertigte, starre Gesichtsmasken verschiedener Größe und Form: Vollmasken und Teilmasken, Halb- und Viertelmasken, solche, die besondere Partien der Muskulatur und Gesichtsstruktur verstärken oder »überhöhen«.
In den verschiedenen Berichten über diese Inszenierung und in vielen Kritiken findet man, was die Begründung für die Verwendung solcher Masken und die damit verfolgte Absicht betrifft, Meinungen, die in der Formulierung so simplifiziert und vergröbert sind (sinngemäß auf die Formel gebracht: Unmenschlichkeit der Herrschenden wird ausgedrückt durch

Masken – Menschlichkeit der Beherrschten, des Volks = keine Masken), daß sie Verwirrungen und Mißverständnisse geschaffen haben. In dieser hier in Paranthese angeführten schematischen Formel ist die Behauptung nicht belegbar und als ausschließliche Erklärung abzuweisen. Freilich enthält selbst diese allzu einseitige Begründung einen Zug der Wahrheit; nur reicht sie allein zur Erklärung eben nicht aus. Und wie jede konkrete Analyse fördert auch die über die Verwendung von speziellen Masken im »Kaukasischen Kreidekreis« mehrere, voneinander durchaus verschiedene Ursachen zutage, die, zusammengenommen, ein dem Arbeitsprozeß und -ergebnis entsprechenderes Bild und Urteil ermöglichen.

Zieht man die in Probenberichten, Regienotaten, Tonbandaufnahmen und Aufzeichnungen von Diskussionen überlieferten Äußerungen Brechts und seiner Mitarbeiter zu Rate, so ergibt sich folgendes: Im »Kaukasischen Kreidekreis« einigen sich zwei grusinische Kolchosen über den Besitz eines Tals, auf das beide einen Anspruch haben. Es wird denen zugesprochen, die es bewässern, damit es Frucht bringt. Im Anschluß daran führt der eine Kolchos dem anderen ein Theaterstück vor: die berühmte Geschichte vom Kreidekreis. In einem Gleichnis wird erzählt, wie das Recht auf eine Sache abhängig ist von der Arbeit, die man dafür leistet.

Das Stück hat so viele Personen, daß der Kolchos nicht in der Lage ist, jede Rolle mit einem anderen Darsteller zu besetzen. Aber man findet einen Ausweg, indem mehrere Rollen demselben Darsteller übertragen werden.

Diese in der Fabel und der Figurenwelt des Stücks real begründeten Anforderungen lenkten die Regie zuerst einmal auf die Möglichkeit, diese Probleme mit Hilfe von Masken zu lösen.

Als in einer Diskussion mit Leipziger Studenten im Dezember 1955 ein chinesischer Gaststudent Fragen über die »Kreidekreis«-Masken stellte und einen Vergleich wagte zu Masken des chinesischen Theaters, antwortete Brecht: »Zunächst gingen wir davon aus, daß das Stück 150 Personen hat, wir aber nur etwa 50 Schauspieler haben. Wir mußten etwas finden, wodurch unsere 50 diese 150 darstellen konnten. So kamen wir auf Masken. Dann überlegten wir, was geschähe, wenn alle Personen Masken hätten. Wir stellten fest, daß das nicht geht. Wenn z. B. die Grusche eine Maske trägt, so geht vermutlich viel verloren von feinem Spiel. Uns schien, daß sie ihr Gesicht braucht für die Darstellung. Ich würde nicht sagen, daß zu aller Zeit die Grusche ohne Maske spielen soll. Wir sind heute noch nicht entfernt so weit, um vollständig mit Masken spielen zu können. Die Pantomime ist bei uns noch gar nicht entwickkelt. Wir könnten also viele Figuren mit Masken bestimmt nicht so gut darstellen. Die chinesische Maske ist kultisch und besitzt eine hohe Funktion. Bei uns fixiert sie die Muskulatur. Das gibt den Figuren ein starres Aussehen. Wir fanden, daß wir das sehr gut verwenden konnten. Wir gingen davon aus, daß die herrschenden Klassen starrere Gesichter haben als die arbeitenden. Diese Gesichter sind repräsentativ. Besondere Diener bzw. Anwälte, die sie (die herrschenden Klassen) kaufen, tragen auch Masken. Da geht die Erstarrung auch herunter bis zu den einfachsten Menschen.«

Im Laufe der theoretischen und praktischen Arbeit also wurde erkannt, wie die Lösung eines theatertechnischen, eines besetzungsbedingten Problems (Spielmasken) die Möglichkeit zu einer sehr nützlichen, Fabel- und Beweisführung ungemein unterstützenden Aussage soziologischer Art bot.

Auf die verschiedensten Fragen zum Thema gab Brecht während einer anderen Diskussion eine zusammenfassende Antwort, die nachdrücklich Schematismus und Simplifizierungen in der künstlerischen Praxis wie in ihrer Begründung ablehnt: »Ich weiß nicht, ob Sie bemerkt haben, daß auch unter den Unterdrückten solche starren Maskenteile verwendet werden. Das Gesinde im 1. Akt hat zum Teil starre Gesichter. Man muß sich in acht nehmen, daß man nicht plötzlich zu Symbolen kommt, nicht zunächst nach einem Schema sucht. Die ganze Presse ist hereingefallen, indem sie ein festes Schema konstruierte: reiche Leute – Masken, Arme – keine. Die Leute sehen nun ihre Meinung bestätigt. So schaut das Publikum normalerweise da hinauf, nimmt einen oberflächlichen Eindruck, schematisiert ihn und kommt zu einer philosophischen Idiotie. Nach gewissen Starrheiten charakterisieren wir zunächst nicht die herrschende Klasse. Obwohl es so ist – wie Sie filmisch studieren können –, daß die herrschende Klasse solche Starrheiten aufweist; aber die beherrschte weist sie zunächst auch auf. Besonders die Diener weisen sie auf. Sie sehen teilweise dadurch noch herrschaftsmäßiger aus als ihre Herren, das ist bekannt. Also gibt es auch da diese Verzerrungen, nicht durch Selbstherrschen, sondern durch starkes Sichbeherrschen-Lassen. Das kann ineinandergeschoben werden. Widersprüche sind interessant. Man muß unten sitzen und echt beobachten, was sich da oben abspielt. Es sind nicht nur zwei Gegensätze, sondern manchmal fünf, je lebendiger, desto mehr Gegensätze, desto differenzierter und weniger schematisch. Man muß echt beobachten, dann kann man diskutieren. Der Spaß am Beobachten muß gelernt werden.«

Wie unorthodox, wie elastisch ist die Verfahrensweise. Aus den Notaten geht hervor, wie produktiv die beabsichtigten Wirkungen gesellschaftlicher Art und die Forderungen des Theaters (schauspielerische Ausdrucksmöglichkeiten, Eleganz und Präzision der Gestik, der ästhetischen Wirkungen und anderes mehr) einander wechselseitig kontrollierten und korrigierten. Immer sind Genauigkeit und Schönheit in der Haltung und Charakterisierung der Figuren, Deutlichkeit und Richtigkeit im Zeigen der Vorgänge, mit einem Wort »die Hervorbringung und Ausstellung der Fabel des Stücks« entscheidende Kriterien für Art und Benutzung auch der jeweiligen Maske.

Hier einige Beispiele. In einem Probennotat heißt es: »Es wird eine Maske für die Weigel (Gouverneursfrau) ausprobiert. Zunächst wird eine Ganzmaske angeboten. Sie ist sehr schön,

Karl von Appen, Entwurf einer Maske

wirkt aber zu chinesisch. Außerdem geht verloren die Benutzung des Lächelns im Gespräch mit dem Adjutanten. Brecht möchte das erhalten haben. Man einigt sich auf eine verhältnismäßig kleine Maske: Nase und Augen.«

Auf einer Kostümprobe kommt es zu einem beratenden Gespräch zwischen Brecht, dem Kostümgestalter Kurt Palm und dem Bühnenbildner Karl von Appen, das ein weiteres Ergebnis zutage fördert: »Nötig wird sein, daß sich die Schauspieler ganz durchschminken, Hals und vermutlich auch die Ohren, und zwar im Teint der Maske. Sonst wird es nämlich ungeheuer künstlich, also artistisch, und kommt in die Nähe des berühmten Formalismus, also daß man den Eindruck hat, man will extra zeigen, daß eine Maske aufgesetzt wurde, anstatt daß man einfach einen anderen Menschen zeigt – mit Hilfe einer Maske. Es muß nicht betont werden der Unterschied zwischen dem Mann selbst und der Maske, die er vor dem Gesicht hat. Der ganze Kopf muß eine Schöpfung sein, mit gleichen Mitteln gemacht.«

Durch neue Beobachtungen angeregt, läßt Brecht die Angehörigen des Gesindes nebeneinander aufstellen, um die Möglichkeit zu prüfen, Grusche, die Magd, gänzlich ohne Maske zu lassen neben dem übrigen bis jetzt maskierten Gesinde. Der Unterschied, zeigt sich, ist zu stark, und Brecht schlägt vor, an dieser Stelle, der »Packszene« des ersten Bildes, den Übergang zur Nicht-Maske zu vollziehen: »Es ist also unmöglich, daß das ganze Gesinde völlig anders ist als die Magd. Das würde sonst symbolisch.« Auf der Suche nach dem Übergang zur maskenlosen Grusche äußert Palm, das gesamte Gesinde dürfe nur verhältnismäßig kleine Masken haben, die beweglichen Teile des Gesichts müßten bewegbar bleiben. Und auf gemeinsamen Vorschlag Karl von Appens und Kurt Palms werden schließlich die bereits fertiggestellten Masken ausgeschnitten und unterschiedlich groß gemacht, so daß die Gesichter unterschiedlich in ihrer Starrheit erscheinen.

Auf anderen Proben wurde die Wechselwirkung von Maske

und Kostüm einerseits und Darstellungsstil andererseits speziell beobachtet und erörtert, das Problem wurde experimentell gelöst. Hier die betreffenden Aufzeichnungen: »Die Arbeit mit Masken – so stellt sich mit den ersten fertiggestellten und bei den Proben benutzten Masken heraus – erfordert einen anderen Darstellungsstil, als wir bisher erarbeitet haben. Viele der bisherigen Gesten und Stellungen müssen verändert werden. Das war zwar vorher schon grundsätzlich klar gewesen; aber wie die Weigel den spezifischen Gang der Courage oder Carrar im der Figur entsprechenden Rock und in der entsprechenden Fußbekleidung probt und ihn erst dadurch richtig gewinnt, oder wie für ein bestimmtes Arrangement letztlich nicht nur die angedeuteten Dekorationen genügen, sondern erst die fertige Dekoration mit Form und Farbigkeit – und mit den fertigen Kostümen der Darsteller darin – den endgültigen Eindruck und die Wirkung vermittelt, so ist es auch bei der Verwendung von Masken. Hier kommt noch dazu, daß unsere Schauspieler nicht gewöhnt sind, in Masken zu spielen. Man kann also nicht erwarten, daß sie die Eigenart einer Darstellung in Masken von anderen Beispielen übernehmen können. Die starke Vereinfachung aller Gesten, die Zurücknahme zu großer Bewegungen oder umgekehrt die Zusammenfassung mehrerer kleiner Gesten zu einer einzigen größeren, muß aus der Anschauung in jedem einzelnen Falle überprüft und festgelegt werden. Die neuen Lösungen sind nicht nur für die Schauspieler eine Frage der Probe, sie sind ebenso für die Regie Erfahrungen, die erst gesammelt werden müssen.« In diesem Zusammenhang empfahl Brecht im weiteren Arbeitsverlauf: »Nichts illustrieren! Keine verwischten Gesten, nicht drei, sondern eine. Es fällt sehr viel raus jetzt, wir müssen alles übertragen.« Und der Rat an den Darsteller des Milchbauern war generell anzuwenden: »Wir müssen jetzt natürlich auf die Maske hin spielen. Das bedeutet, an Stelle von sonst drei kleinen Gesten eine große. Jetzt muß jede einzelne Geste ganz ökonomisch eingesetzt werden. Auch die

Art, wie man schaut, wie man den Kopf wendet, muß man jetzt ganz bestimmt, entschieden machen.«

Aber nicht nur Gesten und Gänge, auch die sprachliche Ausdrucksweise, stellte sich heraus, wurde abhängig, beeinflußt von den getragenen Masken. Hier konnte Brecht auf Erfahrungen früherer Versuche verweisen, die er in anderem Zusammenhang einmal folgendermaßen beschrieben hat: »Mit der Maske probend verfremdet der Schauspieler auch die Sprechweise. Er sieht, daß er auch hier zu einer Sammlung kommen muß, einer Sammlung ausgewählter Tonfälle. Er erleichtert sich so die Übersetzung des Natürlichen ins Künstliche und übersetzt nach dem Sinn.«

Wie dann das optische Detail der Masken sich einordnete in die bühnenbildnerische Gesamtkomposition der Aufführung, kann man bei Karl von Appen nachlesen. Durch ihn und Brechts Schüler erfuhr das künstlerische Problem der Masken Jahre später eine experimentelle Weiterentwicklung in der Inszenierungsarbeit an Brechts Gangsterspektakel »Der aufhaltsame Aufstieg des Arturo Ui«.

Über die Aufführung

Käthe Rülicke / Peter Palitzsch
»Der kaukasische Kreidekreis« in Krakau, Frankfurt am Main, Berlin

Die Voraussetzungen der drei Inszenierungen weichen in vieler Hinsicht voneinander ab. Schon die Vorbereitungszeit war unterschiedlich: Brecht, gleichzeitig Stückschreiber und Regisseur, hatte die längste Probenzeit, Irena Babel und Andrzej Stopka in Krakau hatten immerhin noch Monate, Harry Buckwitz in Frankfurt nur Wochen zur Verfügung.

In Krakau wurde das Stück weitgehend polonisiert, und es ist interessant zu sehen, wie eine nationale Kultur ein unter anderen Bedingungen entstandenes Kunstwerk in die eigene künstlerische Tradition einbezieht. Die »Kreidekreis«-Inszenierung ist dafür insofern ein Musterbeispiel, als Stopka zur Bühnenausstattung Volkskunstmotive der Goralen aus der Hohen Tatra verwendete.

Das Vorspiel wirkt geschlossener als in Berlin: Das slawische Zeremoniell der Verbeugungen und Glückwünsche verleiht den Vorgängen mehr Gewicht. Schauspielerisch gab es in Krakau und Berlin die gleichen Schwierigkeiten: Es scheint leichter, Vorgänge darzustellen, die 100 Jahre zurückliegen, als solche, die eine gesellschaftliche Entwicklung auch nur um wenige Jahre vorwegnehmen.

Der politischen Situation in Westdeutschland fiel das Vorspiel, der Streit der beiden Kolchosen, zum Opfer. Aber es erfordert ohnedies Mut, Parteinahme und Einsicht, den größten deutschen Dramatiker der Gegenwart in Westdeutschland zu spielen. Die Aufführung bewies, daß der Richterspruch des Azdak den vorherigen Entscheid der Kolchosbauern braucht: er bezieht daraus seine Bedeutung und seine Nutzanwendung. Und es ist etwas ganz anderes, ob die Geschichte von der Magd

Grusche hauptsächlich ein neues Rechtsempfinden bestätigt, oder ob sie als ein Ausnahmefall aus »alter Zeit, aus blutiger Zeit« gezeigt wird.

Die technischen Voraussetzungen waren am günstigsten *in Berlin:* Die Drehbühne ermöglichte es, die lange Wanderung Grusches durch das Gebirge zu zeigen. In Krakau, wo es – wie in Frankfurt – keine Drehbühne gibt, verlor dieser Akt an Verständlichkeit. Der weite Weg Grusches konnte durch Gänge um und quer über die Bühne nicht deutlich gemacht werden. Diese Schwierigkeit konnte auch in Frankfurt nicht befriedigend gelöst werden: Der Weg wurde, wie in Krakau, als Pantomime mit Gesang gezeigt. Glänzend gelöst ist in Frankfurt die Flucht ins Gebirge; zu Tode erschöpft erklimmt Grusche einen steilen Paßweg, die Bühne ist völlig eingedunkelt (nur Punktscheinwerfer), eine schmale Eisenstiege mit Halteseil führt in den Schnürboden.

Außerordentlich schwer ist die Aufgabe des Bühnenbildners, der über keine Drehbühne verfügt. Stopka hatte einen glänzenden Einfall: er läßt das Vorspiel vor einem Kolchostor aufführen, das dann geöffnet wird. Dadurch entsteht eine Dreiteilung der Spielfläche, und die einzelnen Szenen können auf verschiedenen Schauplätzen gezeigt werden. Nachteilig wirkt sich dabei allerdings aus, daß diese Triptychon-Lösung die Spielflächen einengt und großzügige Arrangements verhindert. Die Kostüme sind herrlich, meisterhaft in Schnitt und Farbe; sie unterstreichen das Märchenhafte der Erzählung und Inszenierung.

Teo Ottos Lösung (Frankfurt) ist unvergeßlich schön. Den Hintergrund bilden riesige, an Ikonen erinnernde Intarsien: fremdartige Städte und Gebirgslandschaften, auflodernd in Gold, Rot und Schwarz. Neben prächtigen Palästen stehen bäuerliche Hütten, verschiedenartig, aber immer aus den gleichen Elementen zusammengestellt: der Reichtum der Armut. Und die Sorgfalt und der handwerkliche Fleiß, die an jedes Requisit verwendet worden sind! Teo Otto ist ein Meister. In

Berlin löste Karl von Appen die Darstellung der Wanderung einfach und großartig: Die einzelnen Stationen des Aufenthalts werden auf die Drehscheibe gesetzt, auf der Grusche wandert. Die wechselnden Landschaften auf einem weißseidenen Prospekt erinnern an chinesische Tuschzeichnungen.

Die Krakauer Schauspieler trugen keine Masken – anders als in Berlin und Frankfurt – und doch wirkte die Aufführung im Ganzen stilisierter. Dieser Eindruck entsteht wahrscheinlich sowohl durch die Art der Dekorationen als auch durch zahlreiche choreographische Elemente, die nicht immer eine reale Funktion haben, sondern hin und wieder nur dekorativ verwendet sind. Die Frankfurter Inszenierung enthält überraschende reale Momente. Wenn beim Aufgehen des roten Schnürenvorhangs eine Bäuerin auftritt und einen blankgescheuerten Holzeimer zu einer Reihe anderer auf einen merkwürdigen Holzstecken stülpt, meint man, das ganze Tal dufte nach Milch.

Es überrascht, wie sich die Wirkung mancher Szene verschiebt. Wenn Azdak den Großfürsten vor dem Polizisten Schauwa versteckt – freilich ohne zu wissen, welchen Vogel er da eingefangen hat – herrscht in Krakau Stille, ja Beklommenheit im Publikum, was nach dem an dieser Stelle einsetzenden Gelächter des Berliner Publikums frappiert. Aber in Polen kann – nur zehn Jahre nach der faschistischen Okkupation – niemand lachen, wenn sich ein Mensch, wer immer er ist, vor der Polizei versteckt.

Verschiebt sich schon die Wirkung solcher Einzelszenen, kann es nicht wundern, wenn auch der große Gehalt des Stücks unter dem Aspekt anderer Erfahrung und anderer Tradition gesehen wird. Es ist verständlich, wenn im weitgehend katholischen Krakau die Liebe Grusches zu dem Kind an die Marien-Legende erinnert. Die Inszenierung verstärkt das dadurch, daß auf der Flucht Grusches nach dem Überschreiten der Brücke das Licht eingezogen wird und zuletzt nur auf Grusche steht, die das Kind im Arm hat.

Die Berliner Inszenierung konzentriert sich nicht so sehr auf die Liebe Grusches zu dem Kind. Grusche begründet – vom Text her – in der Schlußszene ihren Anspruch auf das Kind auch damit, daß sie »sich Ausgaben gemacht hat«. Dieses Lob der Nützlichkeit, bezogen auch aus dem Vorspiel, bedient neue Impulse des Publikums. Zum Lob der Humanität, das auch in der Krakauer Inszenierung klar kommt, kommt in Berlin das Lob der Produktivität.

Die zarte Grusche der Anna Lutoslawska hat wunderbare lyrische Stellen; ihre Angst, das Kind zu verlieren, ist ergreifend. Aber Angelika Hurwicz ist einfacher und volkstümlicher. Käthe Reichel zeigt eine kleine widerspenstige Person, bei der man den Mut bewundert, mit dem sie den Kampf gegen die Großen aufnimmt. Sie ist großartig vor allem in den Liebesszenen mit Simon.

Henryk Bak zeigt einen kraftvollen Richter, der eindeutig für das Volk Partei ergreift; der Azdak Ernst Buschs, der Recht spricht, indem er Recht bricht, ist dialektischer, reicher. Jäger in Frankfurt spielt eine pralle komödiantische Volksfigur, in der auch die negativen erbärmlichen Züge nicht zu kurz kommen.

Die Inszenierung Irena Babels und Andrzej Stopkas ist eine kühne und schöne künstlerische Leistung, neben der Matinee-Aufführung der »Carrar« in Warschau die erste Brecht-Aufführung in Polen nach dem Krieg.

Harry Buckwitz hatte als erster Regisseur den Mut, den »Kreidekreis« im Westen Deutschlands aufzuführen; er gibt unter schwierigen Verhältnissen sehr klar die Fabel und eine Reihe großartiger und schöner Regieeinfälle.

Bei aller Verschiedenheit ist den drei Inszenierungen gemeinsam sowohl der künstlerische Erfolg beim Publikum als auch der Beitrag zur humanistischen Erziehung.

Kenneth Tynan
Schönheit des Gebrauchs

Als am Ende des »Kaukasischen Kreidekreises« im Palace-Theater das Licht im Zuschauerraum wieder anging, erschien mir das Publikum wie ein dicht gedrängter Kongreß von Schneiderpuppen. Wahrscheinlich erschien ich ihnen ebenso. Im Kontrast zu der blendenden Aufrichtigkeit des Berliner Ensembles schienen wir alle unwirklich und theatralisch. Viele unter uns müssen sich betrogen gefühlt haben. Brechts Schauspieler benehmen sich nicht wie westliche Schauspieler. Sie knüppeln uns weder mit ihrer Persönlichkeit nieder, noch umwerben sie uns mit ihrem Charme; sie sehen bestürzend wie Menschen aus, wie richtige kartoffelgesichtige Menschen, wie man sie in einer Bus-Schlange kennenlernen könnte. Ihr Theater existiert, um die Menschheit selber, nicht den außergewöhnlichen Exzentriker zu erforschen. In ihrer Beleuchtung, einer unparteiischen schneeweißen Helle, und in ihren Arrangements, Panoramas wie bei Breughel, breitet sich das Leben vor uns aus. Es springt einem nicht an die Gurgel und schreit einem keine Geheimnisse ins Ohr.

Lassen Sie mich die Bauernhochzeit im »Kreidekreis« als Beispiel anführen, eine Szene, die brillanter inszeniert ist als jede beliebige andere in London. Eine winzige Zelle von einem Raum, zehn mal zehn Fuß groß, wird nach und nach mit ungefähr zwei Dutzend Nachbarn und einem besoffenen Mönch vollgepfropft. Offensichtlich bieten sich hier Gelegenheiten für grobe Farce an, aber sie werden alle verworfen. Der Wirklichkeit wird der Vorzug gegeben, einer Wirklichkeit von erinnerungswürdiger und skulpturhafter Rauheit. Ich möchte den sehen, der Brechts Bühnenbilder vergessen könnte. Keine Stufen oder Podeste versperren die Bühne; die vorherrschenden Farben sind Schattierungen von Braun und

Grau, und vor einem hohen, runden, fast weißen Horizont sehen wir nichts als solide, ausgewählte Gegenstände – die Zwillingstore im »Kreidekreis« oder den Planwagen der Mutter Courage. Die Schönheit der Brechtschen Dekorationen ist nicht von der blendenden Art, die Applaus erbettelt. Sie ist die dauerhafte Schönheit des *Gebrauchs*.

Das gleiche gilt für die Schauspieler. Sie sehen fähig und praktisch aus, gewohnt, im Freien zu leben. Angelika Hurwicz ist ein kräftiges Mädchen mit einem apfelrunden Gesicht: Unser Theater würde sie, wenn überhaupt, als dickes komisches Dienstmädchen besetzen. Brecht macht sie zu seiner Heldin, der Magd, die das Gouverneurskind rettet, als dessen Mutter vor der Palastrevolte flieht. London hätte daraus eine tapfere kleine Verwahrloste gemacht, abgehärmt und rührend: Frau Hurwicz hat gar keine Zeit für Pathos, sie drückt Gereiztheit aus, wo wir erwarten, daß sie Schrecken »verzeichnet«, und zuckt die Schultern, wo andere Schauspielerinnen wahrscheinlich weinen würden. Sie verstärkt die Situation, indem sie ihre Folgerungen ignoriert. Wir erkennen ihre Darstellung als groß durch das, was sie wegläßt.

Wie Eric Bentley sagt: »Brecht glaubt nicht an eine innere Wirklichkeit, eine höhere Wirklichkeit oder eine tiefere Wirklichkeit, sondern einfach an die Wirklichkeit.«

Übersetzt von Dr. Günther Walch

Sinaida Brashko
Der Azdak von Ernst Busch

Während in der Gestalt der Grusche die Dialektik noch relativ ist und die Widersprüche nur angedeutet werden, sind bei Azdak die scharfen Widersprüche zu einem straffen Knoten geschürzt. Sie bestimmen die Eigenart, die Bedeutung und den Reiz dieser Gestalt.

Bei Azdak treten besonders deutlich die Traditionen der derben und saftigen Volksschwänke hervor, bereichert durch die Intellektualität der deutschen Literatur, mit deren Traditionen der forschende, analytische Verstand Azdaks, seine Ironie, seine Skepsis und seine Menschlichkeit zusammenhängen.

Ernst Busch spielt den Azdak als einen kühnen, spöttischen und heißblütigen Menschen mit gutem und edlem Herzen und von bezwingendem Zauber. In Buschs Azdak lebt der Denker neben dem lustigen Zechbruder, der Kämpfer für die Gerechtigkeit neben dem Epikureer, der bereit ist, alle Gesetze zu übertreten, wenn er dabei einen Vorteil in Form von Wein und einem Imbiß herausschlagen kann. Hier verbindet sich der Dichter und Tribun mit dem Spaßvogel und Wollüstling. Äußerlich ist diese Rolle geradezu skulpturhaft plastisch gezeichnet, ausdrucksvoll und edel in den Gesten. Die frivolsten Abschnitte des Stücks spielt Busch mit großartigem Humor und ohne den geringsten Anflug von Banalität.

Wenn es Azdak mit kleineren Dingen auch nicht allzu genau nimmt und offensichtlich wildert, ist er in wichtigen Fragen überraschend ehrlich (ein beliebtes Verfahren des »epischen Theaters«). Als er erfährt, daß er den Großfürsten gerettet hat, da er ihn für einen Bettler hielt, befiehlt er dem Polizisten Schauwa, ihn, Azdak, in die Stadt zu bringen und vor Gericht zu stellen. Schauwa möchte beileibe weder in die Stadt noch zum Gericht gehen. Dennoch erscheint Azdak vor Gericht.

Er hat Schauwa an das eine Ende des Stricks gebunden und sich mit dem anderen die Hände gefesselt. In der Stadt aber geht alles drunter und drüber. Der Richter baumelt am Galgen (man hat nicht einmal Zeit gefunden, ihm die Robe abzunehmen), die Panzerreiter, die gerade beim Weintrinken sind, wollen Azdak wie eine zudringliche Fliege verscheuchen. Aber er läßt nicht locker und fragt: »... wo ist der Richter, ich muß untersucht werden.« Ein Panzerreiter zeigt auf den Gehenkten und sagt: »Hier ist der Richter!« Der Schreiber ist starr vor Verwunderung und Begeisterung. »Das ist eine Antwort, die man in Grusinien noch nie gehört hat«, sagt er, nachdem er wieder zu sich gekommen ist. Fragend fährt er fort: »Städter, wo ist Seine Exzellenz, der Herr Gouverneur?« Er zeigt auf den Galgen: »Hier ist Seine Exzellenz, Fremdling.« Frohlockend fährt Busch fort: »Wo ist der Obersteuereintreiber? Der Profoß Werber? Der Patriarch? Der Polizeihauptmann? Hier, hier, hier, alle hier. Brüder, das ist es, was ich mir von euch erwartet habe.« Und indem Busch zur Belustigung der Panzerreiter allerhand Kurzweil treibt, spricht er zu ihnen begeistert davon, daß er von ihnen dasselbe erwarte, was in Persien passiert sei, wo man alle Würdenträger aufgehängt habe, wo das Land von einem Bauern regiert, das Heer von einem Soldaten kommandiert und die Löhnung von einem Färber ausgezahlt worden sei. »Und warum ist das alles passiert?« fragen interessiert die Panzerreiter. »Krieg! Zu lang Krieg! Und keine Gerechtigkeit!« antwortet Azdak.

Der Protest gegen den Krieg – das wichtigste Thema in Brechts Schaffen – durchdringt alle Teile des »Kaukasischen Kreidekreises«. In keiner Episode verliert der Autor dieses Thema aus dem Auge. Dabei zwingt er dem Zuschauer seine Ideen nicht auf, sie werden vielmehr von diesem im Laufe der sich entwickelnden Ereignisse unauffällig aufgenommen. Brecht verstand es, Denken und Handlung eine andere Richtung zu geben, sobald das Thema lästig, aufdringlich zu werden drohte. Der Scharfsinn und die freie Denkungsart des Schrei-

Tadeusz Kulisiewicz, Der Volksrichter Azdak

bers, sein Witz und seine Ironie gefallen den Panzerreitern. Lärmend spenden sie ihm Beifall, als er in Gegenwart des »fetten Fürsten« von den ungeheuerlichen Spitzbübereien der Fürsten während des Kriegs erzählt: Deshalb ging der Krieg verloren, und deshalb leidet das Volk.

Busch spricht davon ohne Pathos, mit Ironie und Verachtung. Er ist in dieser Szene ebenso weise und kühn und deckt die wahren Gründe der Ereignisse ebenso großartig auf wie bei dem dramatischen und geistvollen Gespräch mit dem Flüchtling in dem vorangegangenen Bild.

Schon ist der Zuschauer für den sympathischen Schreiber gewonnen, schon glaubt er, Azdak werde ein redlicher Richter sein. Aber es ist nicht so leicht, seine richterliche Tätigkeit zu beurteilen.

Azdak richtet nicht nach den Gesetzen des Staates, die den Armen nicht helfen, sondern nach seiner eigenen Logik, die auf einer tiefen Liebe zu den Menschen und zu der Wahrheit und auf einer reichen Lebenserfahrung beruht. Zur Beschleunigung des Gerichtsverfahrens untersucht er zwei, drei Rechtssachen gleichzeitig, und es scheint, als richte er eine heillose Verwirrung in den Urteilen an. Aber immer – und das ist wesentlich – wahrt er die Interessen des beleidigten und betrogenen Volkes.

Die Gestalt des Dorfschreibers wurde von Brecht mit Shakespearescher Tiefe und bildhafter Ausdruckskraft gezeichnet. Bei der Lösung des Problems des positiven Helden nähert sich Brecht der Schaffensmethode Shakespeares mit ihrer spontanen Dialektik, welche den Gestalten echtes Leben und unwiderstehliche künstlerische Überzeugungskraft verleiht.

In Azdak vereinigen sich in bizarrer Weise Züge des diabolisch durchdringenden, spöttischen Verstands eines Mephisto mit den Zügen Falstaffs, des lustigen Vogels und Vielfraßes, der den Verlockungen des Lebens nicht widerstehen kann.

Und gerade diesen Azdak, dessen Absonderlichkeiten und Schrullen für den Zuschauer zu einer Realität geworden sind, stattete Brecht mit den Eigenschaften tiefer Menschlichkeit und höchster sozialer Weisheit aus. Diese kommt besonders in seinem letzten Urteil zum Ausdruck, wo er sich mit folgenden Worten an Grusche wendet: »Nimm dein Kind und bring's weg. Ich rat' dir, bleib nicht in der Stadt mit ihm.« Zur Gouverneursfrau gewandt, fährt er fort: »Und du verschwind, bevor ich dich wegen Betrug verurteil. Die Güter fallen an die Stadt, damit ein Garten für die Kinder draus gemacht wird, sie brauchen ihn, und ich bestimm, daß er nach mir ›Der Garten des Azdak‹ heißt.« Dann steht Azdak vom Richterstuhl auf und fährt fort: »Denn ich leg den Richterrock ab, weil er mir zu heiß geworden ist . . .«

In einem poetischen »Song«, der bei der Aufführung nicht stark genug klang, würdigt Brecht die Tätigkeit des Richters. »Und nach diesem Abend verschwand der Azdak und ward nicht mehr gesehen. / Aber das Volk Grusinien vergaß ihn nicht und gedachte noch / Lange seiner Richterzeit als einer kurzen / Goldenen Zeit beinah der Gerechtigkeit.«

Dieses Experiment, die Gestalten des Azdak sowie der Grusche, wurde zu einem großen künstlerischen Erfolg Brechts, und das vielleicht gerade deshalb, weil er die positiven und negativen Züge der handelnden Personen nicht gegeneinander abwog, sondern sie in einer lebendigen Einheit der Leidenschaften, die das Herz eines edlen Menschen bewegen, scharf zuspitzte und aus ihnen die *Hauptsache*, das *Beste* aussonderte, das auf dem Hintergrund der Schattenseiten eines komplizierten menschlichen Charakters noch heller erglänzt. Ohne Zweifel wird die Gestalt Azdaks in der Reihe der klassischen Rollen des deutschen Theaters den ihr gebührenden Platz erhalten.

Übersetzt von Karl Fend

Aufsätze über
»Der kaukasische Kreidekreis«

Hubert Witt
»Der kaukasische Kreidekreis«

Auch in dem alten *chinesischen Theaterstück vom Kreide-kreis*[1], das Brecht für das vorliegende Werk als Anregung benutzt hat, streiten sich zwei Frauen um einen Knaben, wobei es der einen auf das Kind, der anderen auf die Erbschaft ankommt, die mit ihm verbunden ist. Auch dort wird am Ende durch einen klugen, gerechten Richter mit Hilfe der Kreidekreisprobe die wahre Mutter herausgefunden.

Aber damit sind die Gemeinsamkeiten des Brechtschen Stückes mit seiner Vorlage im wesentlichen erschöpft.

Im chinesischen Stück hat Hai-tang, die Nebenfrau des reichen Herrn Ma, einen Erben geboren und wäre damit berechtigt, die bisherige Vormachtstellung der kinderlosen ersten Frau: die Verwaltung des Haushalts und des gesamten Vermögens, zu übernehmen. Die egoistische und bösartige erste Gattin ermordet nun den Herrn Ma und sucht um der Erbschaft willen den Knaben an sich zu reißen. Doch wird die wahre Mutter an ihrem mütterlichen Verhalten erkannt; fälschlich des Gattenmords und Kindesraubs angeklagt, rettet sie durch den Gegenbeweis ihr Leben und bekommt Kind und Vermögen zugesprochen. Die Mörderin und ihre Helfer werden bestraft.

Dieses Urteil erscheint uns in jeder Hinsicht selbstverständlich; außergewöhnlich wird es nur durch die Gewissenlosigkeit der richterlichen Beamten im damaligen China, die infolge von Bestechung, Intrigen und falschen Zeugenaussagen zunächst die entgegengesetzte Entscheidung treffen. Zur Hauptaussage des Stücks wird so die Kritik an der Korruptheit und Willkür des Beamtenstands jener Zeit.

1 Li Hsing-dau, Der Kreidekreis, Leipzig 1958

Grundkonflikt ist der äußere Kampf zwischen guten und bösen Menschen. Doch hat auch der Gegensatz von arm und reich schon eine gewisse Bedeutung. Die Menschliche und Mittellose, einst Straßenmädchen geworden, um ihre Mutter zu ernähren, wird von der bösen, besitzgierigen Bestecherin angeklagt und vom Richter verurteilt, weil sie ihn nicht gleichfalls bestechen und dadurch günstig stimmen kann. Erst der kaiserliche Idealrichter, eingesetzt, um die »Übergriffe pflichtvergessener Beamter und ehrloser Funktionäre zu untersuchen, die Klagen des Volkes anzuhören und den Leuten zu ihrem Rechte zu verhelfen«[2], führt die gerechte Entscheidung herbei.

Brecht hat von alldem im Grunde nur das Kreidekreismotiv und die damit verbundene Fragestellung übernommen, die in der *neuen Sicht des Marxisten und Dialektikers* tiefer, widersprüchlicher und folgenreicher wird. Warum hat Hai-tang das Kind zugesprochen bekommen? Weil sie es geboren hat? Die Kreidekreisprobe läßt nur erkennen, daß sie sich liebevoll zu ihm verhält. Im chinesischen Stück trifft beides zusammen, und anscheinend wird hier auch die Kindesliebe der leiblichen Mutter als etwas Gegebenes und schlechthin Natürliches betrachtet. Brecht demonstriert in seinem Stück, daß unter den Bedingungen der Klassengesellschaft das Natürliche aufhört, natürlich zu sein. Selbst die rohe Tigerin, beraubt ihrer Jungen, streife rastlos durch die Gebirge, plädiert der Anwalt der Gouverneurin in der entscheidenden Gerichtsszene. Aber wenig später zeigt sich seine Klientin imstande, aus egoistischem Besitzinteresse das eigene Kind in Stücke zu reißen.

Der aus der Blutsverwandtschaft hergeleitete Mutterbegriff erweist sich als leere Formel. So bestimmt Brecht das Muttersein von seinem produktiven Inhalt her, der Mütterlichkeit. Und er bestimmt es sozial: er erklärt die Mütterlichkeit aus dem Zusammenspiel gesellschaftlicher Ursachen und Wirkun-

2 Li Hsing-dau, Der Kreidekreis, Leipzig 1958, S. 53

gen. In jeder der beiden Frauen befinden sich zwei Interessen im Widerstreit: die persönlich-eigenen und die des Kindes. Bei der Herrschenden, die sich schon zu Beginn weit mehr um ihre Kleider als um das Kind sorgt, überwiegt das egoistische Interesse. Die Magd Grusche dagegen, sich unter selbstmörderischen Bedingungen des kleinen Verfolgten annehmend, wird ihm in einem widerspruchsvollen Entwicklungsprozeß zur echten Mutter.

Die unterschiedlichen Klassenbedingungen führen die beiden am Ende zu ausgeprägt gegensätzlichen Haltungen: Menschlichkeit auf der einen, brutale Selbstsucht auf der anderen Seite. Anscheinend sind die beiden Frauen auch durch persönliche Eigenschaften bestimmt – von vielen Mägden nimmt sich allein Grusche des Kindes an. Aber dieses »Individuelle« ist nur die besonders reine Verkörperung typischer Klasseneigenschaften. Die leibliche Mutter wird durch das System dem Kinde von klein auf entfremdet. Und Grusche, an werteschaffende und -erhaltende Arbeit gewöhnt, kann nicht einfach einen Menschen umkommen lassen. So wird zum Grundkonflikt des ganzen Stücks der Gegensatz von Herrschenden und Unterdrückten.

Am Ende muß die Gouverneurin, Mutter nur der Form nach, ihr Kind der Magd abtreten, die es dem Wesen nach ist. Wie auch in der menschlichen Gesellschaft die Unterdrückten alles Erbe an Echtem, Wahrem und Zukunftsweisendem übernehmen, wenn die Oberen zu produktiver Haltung nicht mehr in der Lage sind.

Bevor im Stück die richterliche Entscheidung getroffen wird, ist die eigentliche Handlung durch einen umfangreichen Einschub, die Geschichte des Azdak, unterbrochen. Der Zuschauer, der den folgerichtigen Entwicklungsgang der Grusche beobachtend miterlebt hat, wird am Ende des dritten Aktes sein Urteil zumindest gefühlsmäßig schon gesprochen haben: Vor seinen Augen hat sie alle Prüfungen bestanden und damit ihre Eignung zur Mutter erwiesen. Wollte man den letzten Akt nun unmittelbar anschließen, würde sich der Zuschauer zwar über die Manieren des Azdak, kaum aber allzu sehr über das Urteil zu wundern haben. Und darauf kommt es an: die unerhörte Besonderheit dieser Entscheidung zu zeigen.

Die Geschichte des Richters ist eine Art Lehrstück über Justiz, wenngleich sie, mit hintergründigem Humor gewürzt, auf eine sehr vergnügliche und wenig lehrhafte Weise Einblicke vermittelt. Hier wird alle Rechtsprechung als Klassenjustiz entlarvt; die »herrschenden Gesichtspunkte« erweisen sich als die »Gesichtspunkte der Herrschenden«.

Der Hühnerdieb und Dorfschreiber Azdak, in seinem Verhalten geprägt durch die ungeheure Enttäuschung, die ihm die Zerschlagung aller seiner Hoffnungen auf den Beginn einer neuen Zeit bereitet hat, wird gewaltsam zum Richter gemacht. Er, der in seiner Rede über die Gerechtigkeit und in der darauffolgenden Prüfungsgroteske dem Zuschauer genugsam bewiesen hat, daß die herrschende Justiz ihre äußere Form nur zur Bemäntelung des nackten Klasseninteresses benutzt, tarnt sich nun mit Förmlichkeiten und braucht seine Macht, um bewußt einseitig den Unterdrückten zu helfen.

Bezeichnend ist, daß immer die herrschende Klasse mit ihren Klagen zum Richter kommt. Azdak, den Galgen über sich, hilft in jedem Falle dem Angeklagten. Und meistens verurteilt er den Kläger (so die Großbauern wegen Gottlosigkeit, weil sie nicht an die Wunder des heiligen St. Banditus glauben). Aber bei aller scheinbaren Zufälligkeit seiner Urteile trifft er immer das Wesen der jeweiligen Streitigkeiten. Indem er mit Hilfe der Vernunft Urteil spricht, nimmt er Partei für die Unterdrückten; indem er eindeutig für die Unterdrückten Partei nimmt, spricht er vernünftig Urteil.

Daneben achtet er auch sehr darauf, die eigenen Bedürfnisse zu befriedigen. Er raubt mit dem Räuber, er erpreßt, beschlagnahmt, vergewaltigt. Aber selbst dort, wo er völlig willkürlich das herrschende Recht der Ausbeuterklasse verletzt, ist er gerechter als dieses Recht.

Das Außergewöhnliche, fast Märchenhafte dieser Rechtsprechung wird betont durch die zahlreichen Zufälle, die sie möglich machen. Azdak, der nach Wiederkehr der »Ordnung« auf Anzeige der geschädigten Großbauern gehenkt werden soll, wird im letzten Augenblick durch einen reitenden Boten gerettet, der die Mitteilung bringt, der dankbare Großfürst (der Edle!) habe ihn zum neuen Richter ernannt.

So bringt der Azdak zu einem guten Abschluß, was sonst für Grusche, des Kindes beraubt und einem ungeliebten Manne angetraut bis zum Tode, leicht tragisch geendet hätte.

Brecht, dem es darauf ankommt, »die lebendige Realität den lebendigen Menschen meisterbar in die Hand zu geben«, kann hier Tragik nicht brauchen. Für die sowjetischen Kolchosbauern des ersten Aktes, die nach der vernünftigen Beilegung ihres Streitfalles die Geschichte der Grusche und des Azdak schauspielerisch demonstrieren, gibt es bei solcherart Schwierigkeiten nichts Unlösbares mehr. »Nach dem Gesetz«, »seit jeher« hat das strittige Tal dem Ziegenzuchtkolchos gehört. Aber die »Gesetze müssen auf jeden Fall überprüft werden, ob sie noch stimmen«. Der Obstbaukolchos hat für das Tal die produktivere Verwendungsmöglichkeit. Und die Besitzer, lustvoll am Widerstreit der Argumente sich beteiligend, müssen der Abtretung zustimmen: der Verführungsgewalt der Vernunft können sie nicht widerstehen ...

Der Plan, das alte Kreidekreismotiv in neuem Lichte zu zeigen, muß Brecht schon lange beschäftigt haben, bevor er im Januar 1940 in Lidingö (Schweden) seine *Novelle vom Augsburger Kreidekreis* abschloß. Schon Ende der zwanziger Jahre soll er gesprächsweise erklärt haben, der »Kreidekreis« bedeute eine echte Offenbarung für ihn.[3] Bevor er den Streitfall in seine Vaterstadt verlegte, erwog er im dänischen Exil, einen »Odenser Kreidekreis« zu schreiben.

3 Natalia Rosenel, Brecht und Lunatscharski, in: Beilage zu »Neues Deutschland«, Berlin, vom 8. Febr. 1958

Die Geschichte des »Augsburger Kreidekreises« spielt zur Zeit des Dreißigjährigen Krieges, und der Vater des Kindes, ein protestantischer Färbereibesitzer, kommt bei einem Überfall katholischer Truppen ums Leben. Auch hier läßt die Reiche ihr Kind im Stich, und die Magd nimmt sich seiner an. Auch hier ist der Richter ein »ganz besonderer Mann«, ein vom Charakter her ganz ähnlicher Typ wie Azdak, nur daß er, formaljuristisch sehr gebildet, mit seinen Urteilssprüchen durchaus im Rahmen der damals noch jungen und produktiven bürgerlichen Gesellschaft bleibt. Es wird berichtet, er habe die Interessen der freien Reichsstadt erfolgreich gegen fürstliche Anmaßung verteidigt – so genießt er große Wertschätzung und damit Sonderfreiheiten. Am Ende kann er, der Magd zunickend, beruhigt zu seinem Frühstück gehen: Das Erbe fällt an die Verwandten der Frau – so ist zwar die schlechte Mutter, nirgends aber das Interesse herrschender Klassen geschädigt.

Eine erste Fassung des Theaterstücks vom »Kaukasischen Kreidekreis« wurde 1944 in Santa Monica (Kalifornien) abgeschlossen. Damals ließ Brecht den Streit um das Tal im Jahre 1934 stattfinden. Essend und trinkend diskutieren die Delegierten, voller Freude an der Auseinandersetzung; aber im Gegensatz zu der späteren Fassung wird zunächst noch keine Einigung erzielt. Erst die Geschichte von Grusche und Azdak führt durch ihre Lehren die Entscheidung des Streitfalls herbei. Es ist offensichtlich, wieviel das Stück durch die jetzige Fassung des ehemaligen »Vorspiels« an Beziehungen reicher geworden ist.

Das Kreidekreismotiv ist in Europa schon vor Brecht durch verschiedene Übersetzungen und Bearbeitungen bekannt geworden. In Deutschland haben Klabund und Johannes von Guenther freie Nachgestaltungen des chinesischen Stückes geschaffen, die – psychologisch verfeinernd, aber das ursprüngliche Anliegen abschwächend – im wesentlichen Fabel und Milieu der Vorlage wiedergeben. Brecht geht im gedanklichen und poetischen Gehalt nicht nur über diese Bearbeitungen, sondern auch über das chinesische Urbild weit hinaus. Allein das wird übernommen, was für die fortschreitenden und produktiven Klassen der Gegenwart lebendigen Wert hat: Das Kulturerbe ist Brecht ein Erbe an Fragen, die hier in einer poetischen Fabel von Rang neu gefragt und tiefer, reicher, allgemeiner beantwortet werden . . .

Elisabeth Hauptmann
Der Armeleuterichter Azdak

Müssen Richter so sein?
Ist Gerechtigkeit immer gegen die Gesetze?

Richter, gute und schlechte, haben das Volk immer interessiert, von Salomo bis zu Dorfrichter Adam; von den Richtern in »Tausendundeine Nacht« bis zu Richter Fieldings gutem Richter, vom Richter von Zalamea bis zum Amtsvorsteher Wehrhahn.

Zu diesen gesellt sich eine neue Figur: der Armeleuterichter Azdak in Brechts »Kaukasischem Kreidekreis«, eine zwielichtige, ebenso zweifelhafte wie hinreißende Erscheinung.

Mit so hohen und lauteren Persönlichkeiten wie Salomo oder wie jenem Richter im alten China kann er sich nicht vergleichen, obwohl er einen Mutterschaftsstreit mit ähnlicher Weisheit entscheidet wie jene. Er besitzt keinerlei formaljuristische Bildung, und er ist ziemlich verkommen; aber er hat einen Vorzug: er ist ein armer Teufel, er urteilt vom Standpunkt der Niedrigen aus.

Zu seinem Amt gelangen konnte er nur in den Wirren des Bürgerkriegs, als die Macht des Großfürsten gebrochen und die der neuen Herren noch fragwürdig war. In die Stadt gekommen, um sich dem Gericht des Volkes zu unterwerfen, weil er versehentlich den flüchtigen Großfürsten beherbergt hat, begreift er etwas zu spät, daß mit dem Sturz des Blutsaugers keineswegs eine neue Zeit, lediglich eine Zeit neuer Unterdrücker begonnen hat. In seiner aufrührerischen Gesinnung von den Panzerreitern des Fürsten Kazbeki durchschaut, setzt er alles auf eine Karte; und die Panzerreiter machen ihn zum Richter, weil es eine Hetz ist, wie er ihre unsicheren

Befehlshaber in Verlegenheit bringt. Aber einmal Richter geworden, benutzt er seine Macht, beschützt durch die Panzerreiter des sehr faulen Regimes, gegen die Interessen des Regimes, für die Armen und Arbeitenden.

Azdaksche Rechtsfindung sieht so aus: Nicht der wegen Vergewaltigung angeklagte Knecht ist der schuldige Teil, sondern die Schwiegertochter des Wirts, da sie durch das bloße Vorhandensein ihrer Reize den armen Menschen vergewaltigt hat. Die drei nach ihrem Eigentum schreienden Großbauern belegt er mit hohen Geldstrafen; die Alte dagegen, die ihren Pachtzins nicht mehr zahlt und zu der der großbäuerliche Schinken und die großbäuerliche Kuh »gewandert« sind, wird von ihm geehrt und auf den Richterstuhl gesetzt, und den »Räuber«, der ihr geholfen hat, begrüßt er als frommen Mann und traktiert ihn mit süßem Wein.

Auf seinen Inspektionsreisen läßt er den Richterstuhl vor Schenken und Karawansereien niedersetzen, manchmal auch im Gerichtshof, und verhandelt und fällt seine Urteile in aller Öffentlichkeit. Er nimmt Bestechungen – und zwar ebenfalls öffentlich, im Gegensatz zu seinen vornehmen Kollegen –, aber er zeigt sich dann nicht dafür erkenntlich, sondern betrügt die Betrüger. Er nützt sein Amt schamlos aus, er ist würdelos und egoistisch; aber den Ausbeutern stellt er listig Fallen und ermutigt die List der Ausgebeuteten. Damit sich die Armen und Unterdrückten den ungerechten Gesetzen der Unterdrücker nicht beugen müssen, beugt er die ungerechten Gesetze. So gleicht der Armeleuterichter Azdak in keiner Weise den korrekten Austeilern des Unrechts in der bürgerlichen Gesellschaft; er ist eher ein unkorrekter Austeiler des Rechts.

Wie sollte er übrigens das Recht korrekt austeilen in einer Gesellschaft, wo das Unrecht gesetzlich ist? Man muß ihm seine Lage zugute halten: Seine Ernennung war nichts als ein unliebsamer Zwischenfall für die Herrschenden, ein Zwischenfall, den sie bei der ersten Gelegenheit bereinigen werden. Da dies gewiß ist, wird er »niemand den Gefallen tun, menschliche Größe zu zeigen« für nichts und wieder nichts.

»Mit gefälschter Waage« und »gezinktem Recht« bringt er zwei Jahre lang das Volk immer wieder »ans Ufer auf des Rechts Wrack«; aber als er das Kind der Gouverneurin Natella Abaschwili der mütterlichen Magd Grusche zugesprochen hat, wird ihm der Boden zu heiß. Er macht sich aus dem Staube, arm, wie er sein Amt angetreten hat: mit zerrissenen Hosen und in durchgelaufenen Schuhen.

»Das Volk Grusiniens vergaß ihn nicht und gedachte noch
Lange seiner Richterzeit als einer kurzen
Goldenen Zeit beinah der Gerechtigkeit.«

Volker Klotz
Der Erzähler im »Kaukasischen Kreidekreis«

Die außerdramatischen Einrichtungen wie die Spruchbänder in »Mutter Courage« oder der Sänger (Erzähler) im »Kaukasischen Kreidekreis« haben nicht nur die Funktion des Szenenverknüpfens, sie bringen daneben noch Vorteile mit sich, die dem herkömmlichen Drama abgehen. In der »Courage« wird dadurch der Raum erweitert und das Geschehen der großen Welt hereingeholt. Damit wird dem Drama möglich, was bis dahin in dem Maße nur der Roman vermochte: Welt zu bannen, eine historische Hintergrundshandlung auf die Bühne zu bringen, vor der die Privathandlung der Courage und ihrer Kinder sich abspielt und mit der sie korrespondiert. Dies Mittel erlaubt, wie der Regisseur Piscator formulierte, der ebenfalls damit arbeitete, »eine Steigerung der privaten Szenen ins Historische«.

Die Einführung eines Erzählers im Drama vereint ungewöhnlich viele Ausdrucksmöglichkeiten des Romans mit denen des Dramas. Der Erzähler ist im »Kaukasischen Kreidekreis« zwischen Bühne und Publikum geschaltet, er vermittelt das Drama. Dabei ereignet sich eine noch intensivere Brechung als in den Gerichtsszenen. Dem Erzähler im Roman gleich, ist er mit Handlung und Personen vertraut, weiß er von vornherein um Fortgang und Ausgang der Ereignisse; er herrscht souverän über Zeit und Raum des Stücks. Zwischen zwei Szenen, bei denen erlebte und gespielte Zeit kongruent sind, gibt er ein halbes Jahr gerafft in einigen Zeilen. Er vermag es mit dem erzählenden Tempus der Vergangenheit: »... Der Herbst ging, der Winter kam. / Der Winter war lang / der Winter war kurz ... Der Frühling durfte nicht kommen.« In diesen kurzen Sätzen wird die ganze Bewegung des Zeitablaufs poetisch zusammengefaßt.

»Der kaukasische Kreidekreis« hat zwei Handlungen, die zeitlich parallel verlaufen, die der Magd Grusche und die des Arme-Leute-Richters Azdak. Doch sie sind nicht, wie dies bei Doppelhandlungen des herkömmlichen Dramas der Fall ist, ineinander verflochten, etwa in Form alternierender Szenenfolge, sondern sie werden geschlossen nacheinander gespielt und erst in der Schlußszene beim Kreidekreisurteil zusammengeschlossen. Verbindendes Element ist wiederum der Erzähler. Er bricht in dem Augenblick, als Grusche das Kind genommen wird, die erste Handlung ab mit der rhetorischen Frage, wer wohl der Richter sein wird, der über das Geschick des Kindes zu befinden habe. Er beantwortet sie selbst: »Auf dem Richterstuhl saß der Azdak.« Und nun holt er echt episch weit aus, um von Anfang an die Geschichte des Azdak zu erzählen. Er wiederholt noch einmal die gleiche Zeitspanne der eben verlassenen Handlung am andern Ort, er läßt die gleichen historischen Ereignisse, den verlorenen Krieg, den Sturz des Großfürsten, von anderen Personen erleben, er gibt abgesondert eine zweite Perspektive auf das Geschehen. Sobald er den Zeitpunkt erreicht hat, an dem er die Gruschehandlung verließ, vereinigt er beide Handlungen.

Auch ungewöhnliche räumlich-optische Wirkungen läßt der Erzähler zustande kommen, etwa wenn er am Anfang des Stücks als ein poetischer Reporter das Treiben vor dem Palast des Großfürsten beschreibt. Das Publikum hört die Beschreibung und sieht gleichzeitig das pantomimisch ausgeführte Geschehen. Sobald die Beschreibung endet, gewinnen die bisher stumm Agierenden Sprache. Der Mittler, der Distanz stiftete, tritt beiseite, das Vermittelte wird um die Dimension des Akustischen bereichert, es vermittelt sich selbst, der räumliche Abstand zwischen Bühnenaktion und Zuschauer scheint sich zu verringern.

Allein, der Erzähler vermittelt nicht nur, er nimmt auch Stellung zu den Ereignissen, er kommentiert sie. Trotz seiner epischen Allwissenheit und seines Außerhalbstehens ist er innerlich engagiert vom Geschehen. Zwar kommt er nicht mit den Handelnden ins Gespräch wie der griechische Chor, ähnelt dem aber doch in jenen Momenten, da er allgemeine Folgerungen aus der Beobachtung zieht, in gehobener Sprache Klagen singend:

»O Blindheit der Großen! Sie wandeln wie Ewige
Groß auf gebeugten Nacken, sicher
Der gemieteten Fäuste, vertrauend
Der Gewalt, die so lang schon gedauert hat.
Aber lang ist nicht ewig.
O Wechsel der Zeiten! Du Hoffnung des Volks!«

Das Bestreben, die Essenz einer Handlung in einer handlichen gnomischen Sentenz zu konzentrieren, zeigt die Verwandtschaft zum Chor des Aischylos: »Schrecklich ist die Verführung zum Guten –«

Der Erzähler übernimmt auch die Funktion des Monologs, er ist ja mit dem Tun und dem Fühlen seiner Personen innig vertraut. Er faßt ihre inneren Kämpfe bei Entscheidungen in Sprache. Damit wird der Bericht über die seelischen Vorgänge in die dritte Person verlegt, was ihm den Zug distanzierter Verhaltenheit gibt. Die Verhaltenheit der dritten Person, die wie in vergleichbaren Situationen im Minnesang das direkte Aussprechen des »Ich« und des »Du« meidet, herrscht auch in der poetisch geläuterten Einfachheit der Liebesszene zwischen Grusche und dem Soldaten Simon, die in keinem Augenblick in den Schlingen der Banalität sich verfängt. Die beiden Liebenden umgehen zunächst aus Scheu vor Gefühlsentblößung und »Seelenlärm« die unmittelbare Anrede und maskieren sich mit der dritten Person – um schließlich, im Höhepunkt des Dialogs, in Grusches Treuegelöbnis, zu einem nahen »Du« sich zu steigern:

SIMON: . . . Ich hoffe, meiner Verlobten wird die Zeit nicht zu lang, bis ich zurückkehre.
GRUSCHE: Simon Chachava, ich werde auf dich warten.
Geh du ruhig in die Schlacht, Soldat
Die blutige Schlacht, die bittere Schlacht

Aus der nicht jeder wiederkehrt:
Wenn du wiederkehrst, bin ich da...
SIMON: Ich danke dir, Grusche Vachnadze...

Der Erzähler sieht hinein in Grusche bei ihrer Entscheidung, das verlassene Kind unter Gefahren mitzunehmen, und fängt ihre Gewissenskämpfe in eigenen Worten auf. Das geschieht nicht in einem rationalen Abwägen des Für und Wider, sondern in viel poetischerer Gestalt: sie glaubt, das Kind sprechen zu hören:

SÄNGER: »Frau«, sagte es, »hilf mir.«
Und es fuhr fort, wimmerte nicht, sondern sprach ganz verständig:
»Wisse, Frau, wer einen Hilferuf nicht hört
Sondern vorbeigeht, verstörten Ohrs: nie mehr
Wird der hören den leisen Ruf des Liebsten noch
Im Morgengrauen die Amsel oder den wohligen
Seufzer der erschöpften Weinpflücker beim Angelus.«

Das innere Protokoll von Grusches Entscheidung wird noch weiter ausgeführt, sie selbst spricht derweilen nichts, am Ende nimmt sie das Kind mit. Nie äußert Grusche selbst sich über die Gefühle, die sie bewegen, nie spricht sie von Stimmungen, die sie erfüllen. Sie handelt nur, ihre inneren Vorgänge erfährt man allein durch den Erzähler, stets in einer der inneren Lage gemäßen Form: sie hat das Kind, um es vor den Soldaten zu retten, einer Bauersfrau überlassen, sie »lacht und eilt weg«, ihre Gefühle über den Verlust des Kindes sind zwiespältig. Hier gibt der Erzähler keine einfache Schilderung, sondern er macht diese Zwiespältigkeit deutlich in einem Frage-Antwort-Dialog, bei dem die Musiker, die mit ihm zusammen berichten, für Grusche antworten:

SÄNGER: Warum heiter, Heimkehrerin?
MUSIKER: Weil der Hilflose sich
Neue Eltern angelacht hat, bin ich heiter...
SÄNGER: Und warum traurig?
MUSIKER: Weil ich frei und ledig gehe, bin ich traurig.
Wie ein Beraubter
Wie ein Verarmter.

Um wieviel schlichter und knapper lassen sich auf diese Weise Grusches Gefühle mitteilen, als wenn sie dies selbst unternähme. Der Sänger verleugnet auf ein kurzes seine Allwissenheit und bedient sich der Fragegebärde, die den Zuschauer erfüllen mag ob des lachenden Wegeilens der Grusche.

Äußerlich motiviert ist die Existenz des Sängers durch die äußere Form des Stücks vom Kreidekreis. Ihm geht nämlich ein Vorspiel voraus, das den Streit um ein Tal zum Inhalt hat, den zwei Kolchosendörfer der Sowjetunion miteinander austragen. Eine Lösung des Streits soll durch die Lehre gegeben werden, die einer vorgeführten Parabel aus alter Zeit zu entnehmen ist. Ein Sänger (der Erzähler) wird beauftragt, die »alte Sage« zusammen mit seinen Musikern und Schauspielern zu erzählen und zu spielen. Eine Geschichte der Vergangenheit wird von der Gegenwart aus zurückblickend erzählt, daher das Imperfekt des Erzählers. Die Situation »Theater im Theater« erstreckt sich hier auf das ganze Stück. Doppelt sogar ist die Distanzierung zwischen Publikum und Bühne, einmal durch den zwischengeschalteten Erzähler, sodann durch das Publikum auf der Bühne. Zudem ist das Stück den Parabeln »Mann ist Mann« und »Der gute Mensch von Sezuan« verwandt, in seiner Argumentation aus der Fabel heraus. Doch wird hier nicht eine vorweg formulierte These durch Demonstration der Wirklichkeit erhärtet, sondern aus der Parabel ergibt sich die Forderung nach einer Verhaltensweise, die die im Vorspiel gestellte Frage am Schluß beantwortet: »Die Kinder den Mütterlichen, damit sie gedeihen ... und das Tal den Bewässerern, damit es Frucht bringt.«

Hans Bunge
Der Streit um das Tal

Brechts Inszenierung seines Stückes »Der kaukasische Kreidekreis« im Berliner Ensemble (1954) unterschied sich von der Aufführung in Frankfurt am Main (1955) unter anderem darin, daß in Berlin das »Vorspiel« gegeben wurde, während Harry Buckwitz darauf verzichtete.

I

Die westdeutsche Presse kommentierte die Streichung des »Vorspiels«, bei dem »der politische Aktivist dem Dichter sehr dicht über die Schulter geblickt« habe (»Frankfurter Rundschau«), recht einmütig: »Das Kolchosvorspiel mit einem Riesenaufwand an linientreuen Genossen, kämpferischem Gelächter und vom Glück der Planerfüllung überstrahlten Gesichtern war dem Rotstift zum Opfer gefallen« (»Abendpost«, Frankfurt). Das Stück, »dem man den Hohlzahn des Kolchosenvorspiels tunlichst gezogen hatte« (»Westdeutsche Rundschau«), sei »ohne Umrahmung für den SED-Gebrauch gegeben« (»Der Tagesspiegel«) und »von bolschewistischem Einwickelpapier sorgfältig befreit worden« (»Soester Anzeiger«). »Mit Recht, denn es hätte wahrscheinlich nur die Wirkung unfreiwilliger Komik gehabt. Außerdem ist es ja gar nicht für uns bestimmt, ich meine: für uns hier im Westen. Es ist eine Gebrauchsanweisung ad usum Delphini, eine Schutzvorrichtung gegen die Kritik im eigenen Lager« (»Ruhrfestspiele«). Bedauern herrschte nur, weil »das ganze langatmige Stück, das auf Propaganda abzielt« (»Wiesbadener Kurier«), nun »ein wenig daherkommt wie der Wolf im Schafspelz«

(»Neue Zeitung«, Recklinghausen). Brecht trete auf »als Dichter eines sozialkritisch durchsetzten Rührstückes, wogegen erst das Vorspiel die entsetzlichsten Konsequenzen veranschaulicht, zum Beispiel das Treiben der Volksrichter« (»Darmstädter Echo«). Kurz und gut, »das Idyll in Rosa, die perfekte Utopie im offiziellen Realismus« wirke nun »wie ein Kindermärchen, aus dem man die Hexe herausgeschnitten hat« (»Stuttgarter Zeitung«).

Die Presse in der DDR hätte, so denkt man, einen anderen Nutzen aus dem »Vorspiel« ziehen müssen. Aber das ist ein Trugschluß. Dort, wo das »Vorspiel« gezeigt wurde, hat man es weniger beachtet als dort, wo es gar nicht inszeniert worden war. »Neues Deutschland« registrierte die Aufführung überhaupt nicht. Fritz Erpenbeck räumte seiner Besprechung in »Theater der Zeit« zwar achthundert Zeilen ein, aber vom »Vorspiel« erwähnte er gerade, daß, »wenn man es mitrechnet«, insgesamt drei Fabeln festzustellen sind. Heinz Hofmann machte in der »Nationalzeitung« umfangreiche Strichvorschläge, aber das »Vorspiel« hielt er für so überflüssig, daß er es völlig vergaß. Die »Tägliche Rundschau« schrieb immerhin von der »politischen Bedeutung einer Rahmenhandlung«. Dem »Sonntag« schien »der Zusammenhang an den Haaren herbeigezogen«. Zu einer ähnlichen Einstellung kamen »Neue Zeit« und »Berliner Zeitung«, weil die »einleitende Episode in eine unschlüssige, wenig überzeugende Parallele zum Fall des Kreidekreis-Kindes gesetzt wird und am Gefühl des Zuschauers vorbeitraf«.

2

Wenn die Kritiker recht haben, die behaupten, daß das »Vorspiel« zumindest überflüssig ist, müßten die Inszenierungen einander grundsätzlich ähnlich gewesen sein. Wer beide Aufführungen gesehen hat, wird aber vor allem festgestellt haben, wie stark sie voneinander abwichen. Obgleich sowohl textlich als auch im Arrangement große Übereinstimmung bestand, unterschieden sich die Inszenierungen in ihrem Kern. *Es wurden zwei Fabeln erzählt.*

Bei der Frankfurter Aufführung wurde der »Leidensweg der Magd Grusche« dargestellt. Der Zuschauer sah, wie das Küchenmädchen nach soviel Opfern endlich das Kind behalten darf. Diese Entscheidung führt der Richter Azdak im V. Akt des Stückes herbei. Man fragte sich allerdings, warum Brecht eigentlich die Grusche-Handlung unterbrochen und einen ganzen Akt eingefügt hat, um die Geschichte des Richters so eingehend zu erzählen. Denn daß der Azdak ein ungewöhnlicher Richter ist, bemerkt man hinlänglich in dem Akt, in dem er das Kind nicht der Gouverneursfrau, sondern deren Magd zuspricht. Wenn das Stück einen solchen »Armeleuterichter« braucht, damit es im Sinne des Autors ausgehen kann, bedarf es nicht der Biographie des Azdak. Die Frankfurter Aufführung hätte beim Wegfall des Azdak-Aktes sicherlich an schauspielerischer Brillanz verloren, aber in Hinblick auf ihr eigentliches Anliegen vermutlich an Konzentration gewonnen.

Bei der Berliner Aufführung stand nicht so sehr die Grusche im Mittelpunkt, sondern vielmehr das Kind. Nicht *welcher Mutter* das Kind zugesprochen wird, wurde gefragt, sondern: welche von den beiden Frauen ist die beste Mutter *für das Kind?* Deshalb hatte die Liebesszene am Schluß des Stückes nicht die überragende Bedeutung wie in Frankfurt. Nachdem der Azdak die richtige Mutter für das Kind festgestellt hatte, war es auch gut, daß das Kind einen Vater bekam, und der Richter hielt den Soldaten Simon für geeignet. In Frankfurt sah es dagegen aus, als sei es vor allem darauf angekommen, Grusche für ihre Entbehrungen zu belohnen. Sie bekam ihren Verlobten am Ende doch, nachdem sie ihn wegen des Kindes beinahe verloren hatte. Das war die »Pointe« des Stückes.

Die verschiedenen Perspektiven der beiden Aufführungen

hingen ab von der Inszenierung beziehungsweise Nichtinsze-
nierung des »Vorspiels«. Im Gegensatz zu Frankfurt erwies
sich in Berlin die ausführliche Azdak-Geschichte als unbedingt
erforderlich. Durch die Verknüpfung der Kreidekreis-Erzäh-
lung mit dem »Vorspiel« wird der Zuschauer zu interessanten
Fragen veranlaßt. Das Verhalten der Bauern bei ihrem Streit
um das Tal fordert zum Vergleich mit Verhaltensweisen heraus, die in der folgenden Aufführung gezeigt werden und
eine schlüssige Erklärung erst durch die »Geschichte des Richters« bekommen.

3

Im Programmheft des Berliner Ensembles schrieb ich nach einem
Vergleich der Fabeln im chinesischen Kreidekreis und in Brechts
Stück: »Die Erzählung zeigt jetzt eine neue Art von Weisheit,
eine Haltung, die auf einer neuen Struktur der Gesellschaft
beruht. Deshalb ist das Urteil ein anderes. Deshalb spielt das
Stück auch in einem Lande, wo bereits eine neue soziale Struktur besteht: Dort können die neuen Gedanken auftreten. Das
Vorspiel mit seinem aktuellen Streitfall zeigt die Anwend-
barkeit dieser neuen Weisheit und weist ihrer Entstehung
einen historischen Platz an.«
Es scheint mir heute fraglich, ob diese Erklärung zum Verständnis des Stückes beiträgt. Die Fehlinterpretationen mögen
sogar zum Teil darauf zurückzuführen sein, daß der Zuschauer
von vornherein veranlaßt wird, das »Vorspiel« als eine Art
Vorspann vor dem »eigentlichen« Stück zu betrachten. Es hat
dann in der Hauptsache eine erklärende Funktion für die folgende Geschichte, aus der man einen Nutzeffekt ziehen soll.
Aber die »neue Weisheit« kann nicht lediglich darauf beruhen,
daß bei Brecht nicht die leibliche Mutter das Kind erhält,
sondern diejenige, die durch Übernahme der Verantwortung
und durch die Sorge für das Kind zur Mutter an ihm gewor-

den ist. Und noch weniger ist das Verhalten des Richters Azdak, so kühn und ungewöhnlich sein Urteil ist, an sich schon eine neue Art von Weisheit.

In Brechts Stück »siegt« bei der Kreidekreisprobe der gesellschaftlich wertvollere Mensch. Max Schroeder [1] hat darauf hingewiesen, daß auch im alten chinesischen Spiel die »Mütterliche« nicht allein siegt, »weil sie leibliche Mutter, sondern auch, weil sie der gesellschaftlich wertvollere Mensch ist«. In *beiden* Fällen erhält also die Frau das Kind, die sich als die wirkliche Mutter erwiesen hat. Und das chinesische Stück hätte so ausgehen müssen wie bei Brecht, wenn die leibliche Mutter sich nicht als mütterlich bewährt hätte. Hier wie dort handelt ein Richter vernünftig, hier wie dort hält er sich nicht an das herkömmliche »Recht«. Denn auch im chinesischen »Kreidekreis« handelt es sich keinesfalls um »normales«, das heißt von der herrschenden Klasse bestimmtes und einseitig zu ihren Gunsten ausgelegtes »Recht«, und der Richter zog seine Berühmtheit daher, daß er nicht formal richtete und daß er sich nicht von den Angehörigen einer bevorrechteten Klasse bestechen ließ.

So alt wie die Sehnsucht der Menschen aller unterdrückten Klassen nach einer gerechten Art gesellschaftlichen Zusammenlebens ist, so alt ist auch die Weisheit, mit der Geschichten wie jene vom chinesischen Kreidekreis erfunden werden. Und dadurch, daß Brecht in seinem Stück den Urteilsspruch des Azdak so deutlich als eine einmalige, durch so staunenswerte Umstände hervorgerufene, ganz und gar zufällige, auf kurze Zeit begrenzte Angelegenheit behandelt, tut er alles für und nichts gegen die *alte* Weisheit. Deshalb läßt er den Sänger am Schluß des Stückes auch sagen: »Nehmt zur Kenntnis die Meinung der Alten ...«

Es ist die *alte* Weisheit, die in der neuen Zeit produktiv wird

---

1 Siehe: Max Schroeder, Bemerkungen zu Bertolt Brechts »Kaukasischen Kreidekreis«, in: *Aufbau*, Berlin 1954, H. 11, S. 983 ff.

und dadurch allgemeine Gültigkeit bekommt. Deutlich wird das nicht durch die Veränderung der Kreidekreisgeschichte, sondern durch die Verknüpfung der alten Legende mit dem Anliegen des »Vorspiels«. Denn plötzlich handelt es sich in Brechts Stück gar nicht mehr um die Frage des Muttertums im Sinne der chinesischen Vorlage.

Wer ist der nützlichste Verwalter, wird im »Vorspiel« bei der Zuteilung des Tales gefragt. Es ist nicht so sehr von Interesse, wer das Tal irgendwann mal besessen hat, obwohl die Bindung an die vertraute Heimat nicht bagatellisiert und den früheren Besitzern ihr Land auch nicht einfach weggenommen wird, sondern wichtig ist, wer für das Tal *jetzt* am vorteilhaftesten ist, wobei »vorteilhaft« vom Gesichtspunkt der gesamten Gesellschaft beurteilt wird: wer bebaut das Land am ertragreichsten.

Analog dazu wird im »Kaukasischen Kreidekreis« das Kind nicht deshalb der Magd Grusche zugesprochen, weil sie ihre Verdienste in Forderung auf Besitz ummünzen könnte, sondern weil sie es nur behalten will, »bis es alle Wörter kann«, das heißt, weil sie dem Kind nützt, das die Anleitung und Hilfe der Mutter braucht. Der Gerichtshof »hat keine Klarheit gewonnen, wer die wirkliche Mutter dieses Kindes ist«. Aber der Azdak hat die Verpflichtung, für das Kind eine Mutter auszusuchen. Er trifft seine Wahl nicht nach biologischen, sondern nach sozialen Gesichtspunkten. Die Probe, die er veranstaltet, ist eine Probe aufs Exempel. Sie soll ihm die Richtigkeit seiner Entscheidung bestätigen.

Es ist die Zuversicht in eine notwendig vernünftige Entscheidung, die auch das Verhalten der Sachverständigen aus der Hauptstadt bestimmt, nachdem sie vor der allgemeinen Diskussion die Unterlagen über das Talprojekt geprüft hat. Die Versammlung der beiden Dörfer ist ebenfalls eine Probe aufs Exempel: alle Argumente werden besprochen und geprüft.

Die Erklärung im Programmheft sollte nun vielleicht besser so lauten: In der Geschichte vom »Kaukasischen Kreidekreis«

wird eine alte Weisheit in Erinnerung gebracht, deren neuartige Anwendung in dem aktuellen Streit um das Tal zu
sehen ist. Die Produktivität dieser Weisheit ist unterschiedlich, je nachdem, welcher historische Platz ihr in den beiden
Fabeln zugewiesen wird. Die alte chinesische Vorlage ist Legende. Das neue Stück von der berühmten Probe mit dem
Kreidekreis zeigt eine neue Art von Weisheit, weil es auf einer
neuen Struktur der Gesellschaft beruht. Deshalb spielt das
Stück auch in einem Lande, wo die neuen Gedanken auftreten können.

4

Der geniale Einfall Brechts war, die Geschichte des »Vorspiels«
und die Kreidekreisgeschichte einander gegenüberzustellen. Es
wird gezeigt, wie gesellschaftlich vernünftige Entscheidungen
bei widersprüchlichen Erscheinungen gesellschaftlichen Zusammenlebens in zwei verschiedenen Gesellschaftsordnungen entstehen oder zustande gebracht werden. Die unterschiedliche
Länge der beiden Teile darf allerdings nicht als Merkmal
ihrer jeweiligen Gewichtigkeit angesehen werden, sie dient,
im Gegenteil, dazu, den Hauptwiderspruch als von historischer Art sichtbar zu machen. Auch formal muß bei den beiden
Entscheidungen zum Ausdruck kommen, daß einmal von
einem außergewöhnlichen, sehr diffizile Erklärungen fordern-
den Fall in legendenhafter Überlieferung – und ein andermal
von einem Regelfall berichtet wird. Denn die neue Art und
Weise, nicht »Recht« zu sprechen, sondern situationsbedingte
vernünftige Entscheidungen zu suchen, wird in der sozialisti-
schen Gesellschaftsordnung nicht auf dieses eine Beispiel beschränkt bleiben, sondern selbstverständlich werden. Die
Rechtsfindung in der Geschichte vom Kreidekreis aber war
ganz und gar abhängig von der Existenz des Azdak und von
der Zeit seines möglichen Wirkens als Richter, die wiederum

an die kurze Dauer der allgemeinen Unordnung im Lande gebunden war.

Die Kolchosbauern spielen sich das Stück selbst vor. Sie tun das zu ihrem Vergnügen. Aber dieses Vergnügen erschöpft sich nicht darin, daß sie einfach irgendeine Theateraufführung einstudieren, sondern sie haben ein Stück gewählt, das mit ihrer Frage zu tun hat. Jedoch handelt es sich bei ihrem aktuellen Fall nicht um die Rechtsfrage »an sich«, sondern um die Art und Weise, wie entschieden wird. Die Entscheidung beim Streit um das Tal war revolutionär, aber sie wurde gefällt, als sei sie selbstverständlich, in einer beinahe amüsanten Diskussion. Eine kriegerische Auseinandersetzung ist für die Bauern so wenig denkbar, daß sie nicht einmal als ausgeschlossen erwähnt wird – obwohl doch alle selbst vor ganz kurzer Zeit erfahren haben, wie man in anderen Gebieten der Welt die Zuteilung von Land handhabt. Damit sie sich der Bedeutung ihrer Gesellschaftsordnung bewußt bleiben, damit sie in der gemeinsam gefundenen Entscheidung auch das Neuartige erkennen, das sie in ihrem Bewußtsein aufgenommen haben, damit sie die Produktivität ihrer Gesellschaftsform und die Notwendigkeit weiterer Änderungen begreifen, spielen sie das Stück: das größte Vergnügen darin empfindend, daß sie die Fortschrittlichkeit ihrer Gesellschaft sehen, in der sie in die Lage versetzt sind, ihr Leben zu bestimmen. Um sich diesen Sachverhalt klarzumachen, haben die Bauern die alte, berühmte Geschichte vom Kreidekreis ausgewählt.

5

In der Geschichte vom Kreidekreis verliert die eine Partei, und die andere gewinnt. Bei der Entscheidung der beiden Kolchosen ist das nur scheinbar der Fall. In Wirklichkeit gewinnen beide, weil beide die Gesellschaftsordnung anerkennen, in der sie leben und die sie selbst bestimmen. Um diese neue Gesellschaftsordnung geht es in dem Stück. Die herrschende Klasse soll nicht mehr die Minderheit sein, deren Gesetze gemacht sind, um ihre Herrschaft zu erhalten, sondern die herrschende Klasse soll aus der ganzen arbeitenden Bevölkerung bestehen, deren Gesetze, von allen aufgestellt, für alle gut sein müssen – oder sie müssen geändert werden. Aus vernünftigen Überlegungen wird eine neue Art von Gesetzlichkeit mit neuen Rechtsbegriffen gebildet.

Anfang August 1956, als Brecht – um die Zusammengehörigkeit der beiden Teile des Stückes zu betonen – das »Vorspiel« umbenannte in »Der Streit um das Tal«, fügte er auch zwei Sätze ein, die dem Vorgang beim Streit der beiden Kolchosen jene großartige Perspektive geben, wie sie – bewußt – nur ein marxistischer Stückschreiber formulieren kann.

Wenn der Streit zwischen den Bauern am heftigsten wird, läßt Brecht eine Delegierte vom Kolchos »Galinsk« sagen: »Nach dem Gesetz gehört das Tal uns!« Darauf wird vom Kolchos »Rosa Luxemburg« geantwortet: »Die Gesetze müssen auf jeden Fall überprüft werden, ob sie noch stimmen.«

»Die Fortschrittlichkeit des Azdak«, heißt es im Programmheft des Berliner Ensembles, »beruht darin, daß er nicht nach dem Buchstaben richtet, sondern die Wirklichkeit des Gesetzes sieht, das nur für die Reichen gemacht ist. Er dreht es kühn herum, daß es auch für die Armen etwas hergibt.«

Die Fortschrittlichkeit der Kolchosbauern in ihrem Streitfall beruht ebenfalls – und besonders durch diese letzte Ergänzung von Brecht – darin, daß sie letztlich gegen das Gesetz handeln, das den während des Krieges auf Befehl der Regierung evakuierten Bürgern alle Rechte auf das verlassene Gebiet sichert. Während der Azdak seine Fortschrittlichkeit gegen die herrschende Gesellschaftsordnung beweisen muß, ist es im Streitfall der beiden Kolchosen die fortschrittliche Gesellschaftsordnung, die diese Handlungsweise nicht nur rechtfertigt, sondern fordert. Das fortschrittliche Denken der Kolchosbauern wird dadurch gezeigt, daß sie nach Darlegung des nützlichen Plans vom Kolchos »Rosa Luxemburg« gemeinsam das Gesetz ändern, weil seine Einhaltung gegenüber den neuen Argumenten dogmatisch – und damit im Sinne ihrer Gesellschaftsordnung »ungesetzlich« wäre. Brecht hat durch Einfügung der beiden Sätze den vorher möglichen Irrtum beseitigt, daß es sich bei der Lösung des Streitfalles um eine Systemlösung handelt, also um eine Entscheidung, die regulär so, nach einem vorbestimmten Modus, ausfallen müßte. Gegenüber der irregulären Entscheidung des Azdak in seiner Zeit ist die Rechtsfindung beim Streit um das Tal nur insofern ein »Regelfall«, als die Gesellschaftsordnung, in die er eintreten kann, die vernunftgemäße Entscheidung gesetzlich garantiert, auch wenn sie nicht »gesetzmäßiges Recht« ist.

Unter diesem Gesichtspunkt wird der »Streit um das Tal« zum »Vorspiel« einer erstrebenswerten »goldenen Zeit beinah der Gerechtigkeit«.

Zu den Skizzen

Bertolt Brecht
Der Bühnenbildner Karl von Appen

Karl von Appen, Chefbühnenbildner des Berliner Ensembles,
hat durch seine Bühnenbilder für »Katzgraben«, »Der kaukasische Kreidekreis«, »Winterschlacht«, »Pauken und Trom-
peten«, »Wohltaten tun weh« und »Der Held der westlichen
Welt« das Gesicht der Aufführung dieses Theaters mitbe-
stimmt. Er hat die sehr verschiedenen Aufgaben, welche die
sehr verschiedenen Stücke ihm stellten, in immer neuer, erfin-
derischer Weise gelöst und dabei immer seine höchst persönliche Handschrift beibehalten. Sie ist phantasievoll realistisch
und poetisch kritisch. Seine Szenenskizzen, die der Regie
köstliche Anregungen gewähren, gehören in ein Theater-
museum. – Auf dem Pariser Festival 1955 gewann seine Ausstattung für »Der kaukasische Kreidekreis« Weltruhm.

1956

Bertolt Brecht
Kollektiv selbständiger Künste

Wir erwarten im Sozialismus, zusammen mit einer höheren Bedeutung der Künste für die breiten Massen, auch eine neue Annäherung der Künste unter sich. Es handelt sich dabei nicht darum, daß das Drama »sich der Musik« bedienen soll oder die Oper des Textes, oder daß Drama und Oper durch ein besseres Bühnenbild gewinnen sollen. Sondern in ein und derselben Aufführung soll es drei Behandlungen des Themas geben, durch die Dichtung, durch die Musik, durch das Bild. So entsteht ein Kollektiv selbständiger Künste.

Eine andere schöne Verbindung zwischen Künsten scheint der graphische Zyklus Kulisiewiczs über die Aufführung des »Kaukasischen Kreidekreises« durch das Berliner Ensemble einzuleiten.

Kulisiewiczs herrliche Blätter nehmen einige Anregung aus einer Theateraufführung, aber sie verwandeln das Gesehene wie jede künstlerische Darstellung es macht, sie verwandeln es in kühner und sogar selbstherrlicher Weise, und so entsteht ein Werk, das nicht nur die Gestalten und Situation des »Kaukasischen Kreidekreises« volkstümlich macht, sondern zugleich auch ein bedeutender Meilenstein auf dem Weg der Graphik in den Sozialismus ist.

1956

Anhang

Daten zu »Der kaukasische Kreidekreis«

1259–1368	Li Hsing-dau, *Der Kreidekreis* (Hoei-lan-ki)
1876	*Der Kreidekreis*, nach dem Chinesischen frei bearbeitet von Wollheim da Fonseca
1924	Klabund, *Der Kreidekreis*, Spiel in 5 Akten nach dem Chinesischen
1940	Brecht schreibt die Erzählung *Der Augsburger Kreidekreis*
Juni 1941	In Heft 6 der *Internationalen Literatur*, Moskau, erste Veröffentlichung des *Augsburger Kreidekreises*
1942	Johannes von Guenther, *Der Kreidekreis,* ein Spiel in 6 Bildern nach dem Chinesischen
März 1944	Brecht erhält durch Luise Rainer einen Kontrakt für eine Bearbeitung des *Kreidekreises* für den Broadway
5. Juni 1944	Fertigstellung der ersten Fassung des *Kaukasischen Kreidekreises*
1. Sept. 1944	Vorspiel umgearbeitet und Nachspiel geschrieben
1945	Fertigstellung der zweiten Fassung des *Kaukasischen Kreidekreises*
4. Mai 1948	Uraufführung des *Kaukasischen Kreidekreises* im Carleton College (Nourse Little Theatre) Northfield/Minn. Übersetzung Eric Bentley, Regie Henry Goodman
1949	Erstdruck des Stückes in *Sinn und Form*, Berlin, 1. Sonderheft Bertolt Brecht
17. Nov. 1953	Beginn der Proben am *Kaukasischen Kreidekreis* im Berliner Ensemble
1954	Veröffentlichung des Stückes im Heft 13 der *Versuche*
15. Juni 1954	Erste öffentliche Vorauführung des *Kaukasischen Kreidekreises* am Berliner Ensemble
7. Oktober 1954	Premiere des Stückes am Berliner Ensemble, zugleich 8. öffentliche Aufführung
28. April 1955	Premiere in Frankfurt am Main
22. März 1956	Brecht antwortet auf einige Kürzungsvorschläge der Städtischen Bühnen Erfurt, u. a.: »Im Azdak-Akt habe ich Einwendungen: Die Ludowica-Szene muß unbedingt gebracht werden, da die Figur des Richters sonst ihren Widerspruch verliert.«

Aufsätze über »Der kaukasische Kreidekreis«

Berlau, Ruth
Im Schiffbauerdamm-Theater »Der kaukasische Kreidekreis« von Bertolt Brecht
in: Magazin, Berlin, Juni 1954, S. 50–53

Bentley, Eric
Brecht auf der amerikanischen Bühne
in: Theater der Welt, hrsg. von Herbert Jhering, Berlin 1949, S. 70 ff.

Brinkmann, Karl
Erläuterungen zu Bertolt Brechts »Mutter Courage«, »Der kaukasische Kreidekreis«, Hollfeld/Ofr., o. J.

Bunge, Hans
Brecht probiert, Notizen und Gedanken zu Proben an Bertolt Brechts Stück »Der kaukasische Kreidekreis«
in: Sinn und Form, Berlin 1957, 2. Sonderheft Bertolt Brecht, H. 1–3, S. 322–336

Dasté, Jean
Über die Inszenierung des »Kaukasischen Kreidekreises«
in: Geist und Zeit, Düsseldorf 1957, Nr. 4, S. 31 ff.

Grimm, Reinhold
Bertolt Brecht, Stuttgart 1961, S. 48 f.

Geißler, Rolf
Versuch über Brechts »Kaukasischen Kreidekreis«, Klassische Elemente in seinem Drama
in: Wirkendes Wort, Düsseldorf 1962, Sammelband IV, S. 356–361

Hennenberg, Fritz
Musik im epischen Drama
in: Dessau/Brecht, Musikalische Arbeiten, Berlin 1963, S. 89 ff., 121 ff.

Hurwicz, Angelika
Rezitierter Kommentar
in: Theater der Zeit, Berlin 1955, H. 2, S. 10

Hinck, Walter
Die Dramaturgie des späten Brecht, Göttingen ²1960, passim

Kulisiewicz, Tadeusz
Zeichnungen zur Inszenierung des Berliner Ensembles / Bertolt Brecht »Der kaukasische Kreidekreis«, Berlin 1956

van Rinsum, Annemarie und Wolfgang
Bertolt Brecht »Der kaukasische Kreidekreis«
in: Dichtung und Deutung, München 1963, S. 294–300

Schild, Johannes
Die Besonderheiten der Brechtschen Dramatik und ihre Funktion im »Kaukasischen Kreidekreis«, Philosophische Fakultät der Universität Jena 1957, Maschinenschrift, 74 S.

Schöne, Albrecht
Theatertheorie und dramatische Dichtung
in: Euphorion, Berlin 1958, S. 278 f.

Schröder, Max
Bemerkungen zu Bertolt Brechts »Kaukasischem Kreidekreis«
in: Aufbau, Berlin 1954, H. 11, S. 983–987

Tumler, Franz
Notizen über zwei Figuren Bertolt Brechts
in: Neue Deutsche Hefte, Gütersloh 1958, H. 44, S. 1060–1066

Uhse, Bodo
Von alter und neuer Weisheit
in: Sinn und Form, Berlin 1959, H. 3, 420 ff.

Weickert, Christian
»Der kaukasische Kreidekreis«
in: Heute und Morgen, Düsseldorf 1954, Nr. 12, S. 942 f.

Willet, John
Das Theater Bertolt Brechts, Eine Betrachtung, Hamburg 1964, passim

Wirth, Andrzej
Über die stereometrische Struktur der Brechtschen Stücke
in: Sinn und Form, Berlin 1957, 2. Sonderheft Bertolt Brecht, H. 1–3, S. 346–387

Verzeichnis der Aufführungen von
»Der kaukasische Kreidekreis«

Besetzung der Aufführung am Berliner Ensemble
(Premiere: 7. Oktober 1954)

Musik: Paul Dessau
Regie: Bertolt Brecht
Assistenzregie: Manfred Wekwerth
Bühnenbild, Figurinen und Maskenentwürfe: Karl von Appen
Bühnenbild-Assistenz: Dieter Berge
Musikalische Leitung: Felix Schröder
Musikalische Einstudierung: Iva Besson
Technische Leitung: Walter Meier
Masken: Annemarie Berge / Eduard Fischer

Vorspiel
IM KOLCHOS EINES KAUKASISCHEN DORFES

Arkadi Tscheidse, der Sänger	Ernst Busch
Die Truppe des Sängers	Erich Franz
	Elsa Grube-Deister
	Annemarie Schlaebitz
Die Sachverständige aus der Hauptstadt	Isot Kilian
Delegierte vom Ziegenzuchtkolchos Galinsk:	
Alleko Bereschwili	Friedrich Gnass
Makinä Abakidse	Carola Braunbock
Ein Bauer	Claus Küchenmeister
Ein junger Arbeiter	Fred Grasnick
Vom Obstbaukolchos Rosa Luxemburg:	
Surab, ein Bauer	Georg August Koch
Kato Wachtang, Agronomin	Angelika Hurwicz
Eine Traktoristin	Elsa Grube-Deister
Eine Bäuerin	Betty Loewen
Ein verwundeter Soldat	Raimund Schelcher
Bäuerinnen und Bauern	

I
DAS HOHE KIND

Georgi Abaschwili, der Gouverneur	Rüdiger Graf
Natella Abaschwili, seine Frau	Helene Weigel
Michel, das Gouverneurskind	Ulrich Spalinger
Shalva, Adjutant des Gouverneurs	Ekkehard Schall
Simon Chachava, Soldat, Grusches Verlobter	Raimund Schelcher
Grusche Vachnadze, eine Magd	Angelika Hurwicz
Arsen Kazbeki, der fette Fürst	Wolf Kaiser
Bizergan Kazbeki, sein Neffe	Heinz Schubert
Mikha Loladze, Arzt	Ralf Bregazzi
Niko Mikadze, Arzt	Willi Schwabe
1. Baumeister des Gouverneurs	Erik S. Klein / Hans Weniger
2. Baumeister des Gouverneurs	Fred Grasnick
3. Baumeister des Gouverneurs	Albrecht Betge
Gesinde im Gouverneurspalast:	
Köchin, Freundin der Grusche	Inge Herbrecht
Nina, Hofmeisterin	Annemarie Hase
Maro, Kinderfrau	Bella Waldritter
Sulika	Annemarie Schlaebitz
Assja	Barbara Berg
Mascha	Sabine Thalbach
Koch	Axel Triebel
Stallknecht	Hartmut Reck
Der das Kind trägt	Wolfgang E. Struck
Diener	Edgar Schrade
Der die Bittschriften einsammelt	Ewald Wolf
Soldat der Palastwache, später Wache des Azdak	Bernd Asberg
Soldat des Gouverneurs, an der Verschwörung beteiligt, später Wache des Azdak	Hans Hamacher
Soldat des fetten Fürsten, später Standartenträger des Azdak	Josef Kamper
Gefreiter im Heer des fetten Fürsten	Fred Düren
Soldat der Palastwache, Holzkopf, später Soldat des fetten Fürsten	Peter Kalisch
Reiter aus der Hauptstadt	Benno Besson
Bittsteller am Gouverneurspalast	
Soldaten des Gouverneurs	
Soldaten des fetten Fürsten	

II
DIE FLUCHT IN DIE NÖRDLICHEN GEBIRGE

Ein alter Milchbauer	Harry Gillmann
Eine Bäuerin	Else Wolz
Ein Bauer, ihr Mann	Josef Kamper
Eine Händlerin	Betty Loewen
Zwei Händler	Gerd Biewer
	Dieter Knaup

III
IN DEN NÖRDLICHEN GEBIRGEN

Lavrenti Vachnadze, Grusches Bruder	Erik S. Klein
	Hans Weniger
Aniko Vachnadze, seine Frau	Carola Braunbock
Bäuerin, vorübergehend Grusches Schwiegermutter	Annemarie Hase
Jussup, ihr Sohn, vorübergehend Grusches Mann	Norbert Christian
Bruder Anastasius, ein Mönch	Friedrich Gnass
Hochzeitsgäste im Hause Jussups	Hilde Frank
	Isa Schlubach
	Rüdiger Graf
	Heinz Schubert
	Hans Waldmann
	Carl M. Weber
	Horst Wünsch
	und andere
Ein Trompeter	Hartmut Reck
Ein Trommler	Ekkehard Schall
Soldaten, die das Kind von Grusche holen	Wladimir Marfiak
	Conrad Pfennig
Kinder	

IV
DIE GESCHICHTE DES RICHTERS

Azdak, Dorfschreiber, später der Richter	Ernst Busch
Schauwa, Polizist,	
später Öffentlicher Ankläger	Harry Gillmann
Ein Flüchtender (der Großfürst)	Alfred Land
Ein Arzt	Peter Kalisch
Ein Gelähmter	Willi Schwabe
Ein Hinkender	Siegmund Linden
Ein Erpresser	Ralf Bregazzi
Ein Wirt	Georg August Koch
Ludowika, seine Tochter	Hilde Heßmann
Knecht des Wirtes	Willi Hübener
Mütterchen Grusinien	Bella Waldritter
Irakli, deren Schwager, ein Bandit	Wolfgang E. Struck
1. Großbauer	Albrecht Betge
2. Großbauer	Ewald Wolf
3. Großbauer	Arthur Neubert
Bittsteller und Zuschauer	
bei den Gerichtssitzungen	

V
DER KREIDEKREIS

Illo Schuboladze, Anwalt	Norbert Christian
Sandro Oboladze, Anwalt	Wolf Beneckendorff
Eine Alte	Regine Lutz
Ein Alter	Siegmund Linden

Besetzung der Aufführung an den Städtischen Bühnen Frankfurt/Main
(Premiere: 28. April 1955)

Inszenierung: Harry Buckwitz
Bühnenbild und Kostüme: Teo Otto
Musikalische Leitung: Christoph von Dohnanyi
Regieassistenz: Claus A. Landsittel / Walter Henn

I
DAS HOHE KIND

Der Vorsänger		Otto Rouvel
Der Gouverneur Georgi Abaschwili		Friedrich Schoenfelder
Die Gouverneursfrau Natella Abaschwili		Hannelore Hinkel
Mikha Loladze	} Ärzte	Heinrich Troxbömker
Niko Mikadze		Werner Siedhoff
Adjutant Shalva		Claus-Jürgen Daehn
Der fette Fürst Kazbeki		Ernstwalter Mitulski
Grusche Vachnadze		Käthe Reichel
Simon Chachava		Klausjürgen Wussow
Gefreiter		Hans Martin Koettenich
Panzerreiter Holzkopf		Herbert Pohle
Reiter aus der Hauptstadt		Walter Dennechaud
Maro, die Kinderfrau		Cläre Kaiser
Die Köchin		Else Knott
Der Koch	Dienst-	Otto Knur
Ein Stallknecht	personal	Udo Vioff
Nina		Else Graetz
Masha		Renate Zillessen
Sulika		Gisela Mayen
		Karl Luley
		Eberhard Zöller
Bettler und		Georg Bahmann
Bittsteller		Magdalena Stahn
		Anny Hannewald

II
DIE FLUCHT IN DIE NÖRDLICHEN GEBIRGE

Der Vorsänger	Otto Rouvel
Zwei Sänger	Walter Henn
	Harald Schäfer

Grusche Vachnadze	Käthe Reichel
Der alte Milchbauer	Georg Bahmann
Der Gefreite	Hans Martin Koettenich
Panzerreiter Holzkopf	Herbert Pohle
Der Bauer	Fritz Saalfeld
Die Bauersfrau	Magdalena Stahn

III
IN DEN NÖRDLICHEN GEBIRGEN

Der Vorsänger	Otto Rouvel
Zwei Sänger	Walter Henn
	Harald Schäfer
Lavrenti Vachnadze	Emil Lohkamp
Aniko Vachnadze, seine Frau	Irene Naef
Grusche Vachnadze	Käthe Reichel
Knecht	Walter Dennechaud
Die Schwiegermutter	Elisabeth Kuhlmann
Der Bauer Jussup, deren Sohn	Karl Lieffen
Der Mönch	Heinrich Troxbömker
Simon Chachava	Klausjürgen Wussow
Panzerreiter Holzkopf	Herbert Pohle
Die Klatschbase	Else Graetz
Die Beleidigte	Cläre Kaiser
Der Schadenfrohe ⎱ Hochzeitsgäste	Karl Luley
Der Angeber	Otto Knur
Der Besserwisser ⎰	Werner Siedhoff
Musikant	Eberhard Zöller
Michel	Jürgen Lang
Das Mädchen	Barbara Mück

IV
DIE GESCHICHTE DES RICHTERS AZDAK

Der Vorsänger	Otto Rouvel
Zwei Sänger	Walter Henn
	Harald Schäfer
Azdak, Dorfschreiber, später Richter	Hanns Ernst Jäger
Ein Flüchtender (der Großfürst)	Konrad Georg
Der Polizist Schauwa	Kurt Dommisch
Erster Panzerreiter	Fritz Saalfeld

Zweiter Panzerreiter	Hermann Nehlsen
Dritter Panzerreiter	Wolfram Schroeter
Der fette Fürst Kazbeki	Ernstwalter Mitulski
Sein Neffe Bizergan Kazbeki	Udo Vioff
Der Invalide	Werner Siedhoff
Der Hinkende	Jente von Lossow
Der angeklagte Arzt	Heinrich Troxbömker
Der Erpresser	Karl Lieffen
Der Wirt	Georg Bahmann
Ludowika, seine Schwiegertochter	Renate Zillessen
Der Knecht	Rudi Seitz
Der Adjutant Shalva	Claus-Jürgen Daehn
Die Gouverneursfrau Natella Abaschwili	Hannelore Hinkel

V
DER KREIDEKREIS

Der Vorsänger	Otto Rouvel
Zwei Sänger	Walter Henn
	Harald Schäfer
Grusche Vachnadze	Käthe Reichel
Die Köchin	Else Knott
Simon Chachava	Klausjürgen Wussow
Der Gefreite	Hans Martin Koettenich
Panzerreiter Holzkopf	Herbert Pohle
Zweiter Panzerreiter	Hermann Nehlsen
Dritter Panzerreiter	Wolfram Schroeter
Der Reiter aus der Hauptstadt	Wolfram Dennechaud
Azdak	Hans Ernst Jäger
Polizist Schauwa	Kurt Dommisch
Die Gouverneursfrau Natella Abaschwili	Hannelore Hinkel
Adjutant Shalva	Claus-Jürgen Daehn
Illo Schuboladze ⎱ Rechtsanwälte	Konrad Georg
Sandro Oboladze ⎰	Karl Lieffen
Der Wirt	Georg Bahmann
	Karl Luley
Ein sehr altes Ehepaar	Anny Hannewald

(R. = Regie, B. = Bühnenbild, G. = Grusche, A. = Azdak)

4. Mai 1948   Carleton College im Nourse Little Theatre
Northfield/Minnesota
R.: Henry Goodman
G.: Frances Heim, A.: Alvis L. Tinnin

20. August 1948   Hedgerow Theatre Moylan / Pennsylvania
R.: Eric Bentley, B.: Henry Goodman/Michael de Beausset
G.: Minnie Brill / Renee Gorin
A.: Alvis L. Tinnin / George Ebeling

19. Mai 1949   Department of Dramatics of Alfred University/New York
R.: C. Duryea Smith, B.: James Hall / Gordon Martz
G.: J. Andersen, A.: Ingram Paperny

Januar 1950   Stretford Civic Theatre Manchester
R.: Frank Millard

10. Mai 1950   Hamline University Theatre St. Paul/Minnesota
R.: James R. Carlson

23. Nov. 1951   Stadsteatern Göteborg
R.: Bengt Ekerot, B.: Carl-Johan Ström
G.: Eva Stiberg, A.: Benkt-Åke Benktsson

März 1953   Urboteatro Turku
G.: Sirppa Sivorilla, A.: Hemmo Airamo

Oktober 1953   Suomen Työväen Teatteri Helsinki
R.: Ritva Arvelo, G.: Elvi Saarnio

7. Okt. 1954   Berliner Ensemble
R.: Bertolt Brecht, B.: Karl v. Appen
G.: Angelika Hurwicz, A.: Ernst Busch

31. Dez. 1954   Panstwowy Teatr im. J. Slowackiego Krakow
R.: Irena Babel, B.: Andrzej Stopka
G.: Anna Lutoslawska, A.: Henryk Bąk

12. Januar 1955   Lincoln Hall Theatre at the University Urbana/Illinois
R.: Charles Shattuck, B.: Wilford Leach

28. April 1955   Städtische Bühnen Frankfurt/Main
R.: Harry Buckwitz, B.: Teo Otto
G.: Käthe Reichel, A.: Hanns Ernst Jäger

3. Februar 1956   Nationaltheater Mannheim
R.: Heinz Joachim Klein, B.: Paul Walter
G.: Aldona Ehret, A.: Ernst Ronnecker

14. April 1956   Städtische Bühnen Erfurt
R.: Eugen Schaub, B.: Manfred Schröter

	G.: Waltraud Lohrmann / Annemone Haase
	A.: Helmut Müller-Lankow
April 1956	Folkwang-Schule Essen
	R. u. B.: Hannes Loges
	G.: Klara Basalla, A.: Wolfgang Müller
4. Juni 1956	Royal Academy of Dramatic Art London
	R.: John Fernald, B.: Neil Hobson
	G.: Marian Diamond, A.: Neville Jacobson
27. Okt. 1956	Comédie de Saint-Etienne
	R.: Jean Dasté / John Blatchey, B.: Abd el-Kader Farrah
	G.: Françoise Bertin, A.: Jean Dasté
13. Januar 1957	Hrvatsko Narodno Kazalište Zagreb
	R. u. B.: Bojan Stupica
	G.: Mira Stupica, A.: Emil Kutijaro
4. März 1957	Slovensko Narodno Gledališče Ljubljana
	R.: France Jamnik, B.: Niko Matul
	G.: Ančka Levarjeva, A.: Stane Sever
12. Mai 1957	SDL Liberec
	R.: Oldřich Daněk, B.: Jiři Procházka
	G.: Eva Klepáčová, A.: Karel Vlček
Juni 1957	Schüleraufführung des Kibbuz Mirza in Goren Yezreel
	R.: Hannoch Paz, B.: Tushick
5. Juni 1957	Crane Theatre Liverpool
	R.: Ernest Richards
	G.: Sheelah Reigate, A.: Kenneth Jones
24. Juni 1957	Royal Academy of Dramatic Art York
	R.: John Fernald, B.: Neil Hobson
	G.: Patricia Jackson, A.: Gerald James
September 1957	Teatr Lalka, Puppentheater Warszawa
	R.: Jan Wilkowski
7. Sept. 1957	San Marino
	R.: Marcello Sartarelli, B.: Carla Guidetti Serra
	G.: Marisa Mantovani, A.: Camillo Pilotto
19. Okt. 1957	Theater der Stadt Brandenburg
	R.: Kurt Veth, B.: Eva Stengel
	G.: Mara Boczar, A.: Oskar Fritzler
24. Januar 1957	Teatron Technis Athen
	R.: Karolos Koun, B.: Giorgos Vakalo
	G.: Anastasia Pantazopoulou, A.: Giorgos Lazanis
4. Februar 1958	Städtische Bühnen Hannover
	R.: Franz Reichert, B.: Friedhelm Strenger
	G.: Sigrid Marquardt, A.: Günther Neutze

8. März 1958	Landestheater Detmold
	R.: Friedrich Kremer, B.: Dietrich Wolff
	G.: Christa Schrader, A.: Günther Boehnert
März 1958	Tapton House School Chesterfield
	R.: P. M. Wildin
	G.: Helen Davidson, A.: B. Bland
7. Mai 1958	Bühnen der Landeshauptstadt Kiel
	R.: Heinrich Sauer, B.: Rolf Christiansen
	G.: Ellen Mahlke, A.: Hanns Otto Ball
10. Mai 1958	Deutsches Theater Göttingen
	R.: Eberhard Müller-Elmau, B.: Wilhelm Preetorius
	G.: Aldona Ehret / Lizzi Reisenberger,
	A.: Joachim Wichmann
25. Sept. 1958	Deutsches Fernsehen Süddeutscher Rundfunk
	R.: Franz Peter Wirth, B.: Gerd Richter
	G.: Käthe Reichel, A.: Hanns Ernst Jäger
September 1958	Marlowe Society an der Universität von Melbourne
	R.: Wilbur Sanders
3. Okt. 1958	Städtische Bühnen Essen
	R.: Heinz Dietrich Kenter, B.: Hans Aeberli
	G.: Angelika Hurwicz, A.: Willy Leyrer
25. Dez. 1958	Staatstheater Dresden
	R.: Hannes Fischer, B.: Heinrich Kilger
	G.: Lissy Tempelhof, A.: Fritz Diez
11. März 1959	Staatstheater Kassel
	R.: Albert Fischel, B.: Lothar Baumgarten
	G.: Erika Helmert, A.: Hans Musäus
17. März 1959	The Oberlin College, German Department
	R.: Eckhard Knolle, B.: Diddy Whitson / Frank Taussig
	G.: Barbara Stechow, A.: Konrad Eissler
24. Juli 1959	Teatro El Galpón Montevideo
	R.: Atahualpa del Cioppo, B.: Mario Galup
	G.: Adela Gleiger, A.: Juan Manuel Tenuta
September 1959	U.C.T. University Kapstadt
	R.: Fred Engelen, B.: Walter Tillmans
	G.: Pamela Grundle
4. Nov. 1959	Staatstheater Oldenburg
	R.: Ernst Kuhr, B.: Heinz Meerheim
	G.: Christa Schwertfeger, A.: Gustav Rothe
10. Dez. 1959	Wandsworth School London
	R.: Roy Waters, B.: Geoffrey Hoare
	G.: J. A. Lally, A.: M. Adiseshiah

Januar 1960	Realschule Uhlandstraße Herford
	R.: Dr. Hildebrandt
	G.: Ilse Gräfe, A.: Gudrun Rüther
Februar 1960	Studententheater A.D.C. der Universität Cambridge
	R.: David Reid
	G.: Gillian Goodman, A.: Philip Strick
10. März 1960	Thalia-Theater Hamburg
	R.: Franz Reichert, B.: Fritz Brauer
	G.: Sigrid Marquardt, A.: Kaspar Brüninghaus
28. April 1960	Städtische Bühne Ulm
	R.: Peter Palitzsch, B.: Hansheinrich Palitzsch
	G.: Katharina Tüschen, A.: Norbert Kappen
1. Mai 1960	Państwowy Teatr Powszechny Warszawa
	R.: Irena Babel, B.: Krzysztof Pankiewicz
	G.: Zofia Kucówna, A.: Wojciech Rajewski
11. Juni 1960	Städtische Theater Leipzig
	R.: Heinrich Voigt, B.: Paul Pilowski
	G.: Gisela Morgen, A.: Horst Richter / Günter Grabbert
3. Sept. 1960	Komödie Basel
	R.: Egon Karter, B.: Eugen Goll
	G.: Hilde Harvan, A.: Robert Tessen
13. Sept. 1960	Städtische Bühnen Flensburg
	R.: Fritz Wendel, B.: Alexander Otto
	G.: Rosemarie Schinck, A.: Robert Zimmerling
November 1960	Canadian Players Quebec
	R.: George McCowan, B.: Murray Laufer
	G.: Yafa Lerner, A.: Hugh Webster
14. Januar 1961	Státni Divadlo Cinohra Brno
	R.: Evžen Sokolovský, B.: Miloš Tomek
	G.: Vlasta Fialová / Helena Kružikova / Jana Kuršová
	A.: Josef Karlík
10. März 1961	Laienspiel-Arbeitsgemeinschaft der Wirtschaftsoberschule Hagen
	G.: Erika Schmacke, A.: Rüdiger Haß
24. März 1961	Württembergische Landesbühne Eßlingen
	R.: Wilhelm List-Diehl, B.: Domi Hahn
	G.: Marianne Simson, A.: Heinz Hofer
März 1961	Koninklijke Nederlandse Schouwburg Antwerpen
	R.: Fred Engelen, B.: Walter Tillmans
	G.: I. De Bruyn, A.: W. De Ravet
24. März 1961	Madách Színház Budapest
	R.: Ottó Adám, B.: Gábor Szinte
	G.: Irén Psota, A.: Sándor Pécsi

15. Mai 1961	Stadsschouwburg Arnhem
	R.: Richard Flink, B.: Johan Greter
	G.: Lia Dorana, A.: Bob de Lange
28. Juni 1961	Kammerspiele München
	R.: Hans Schweikart, B.: Karl v. Appen / Alois Sippl
	G.: Erni Wilhelmi, A.: Hanns Ernst Jäger
10. Sept. 1961	Teatro Nacional de Cuba Havanna
	R.: Ugo Ulive, B.: Salvador Fernandez / Raul Oliva
	G.: Rosaura Revueltas, A.: Vicente Revuelta
30. Okt. 1961	Arena-Stage Washington
	R.: Alan Schneider, B.: Peter Wingate
	G.: Melinda Dillon, A.: David Hurst
Januar 1962	Compagnie Claude Etienne im Palais des Beaux Arts Brüssel
	R.: Paul Anrieu, B.: Serge Creuz
	G.: Liliane Becker, A.: Lucien Froidebise
12. Januar 1962	BBC London 3. Programm
	R.: H. B. Fortuin, G.: Catherine Dolan, A.: Derek Birch
14. Januar 1962	Det Norske Teatret Oslo
	R.: Peter Palitzsch, B.: Arne Walentin
	G.: Liv Ullmann, A.: Hans Stormoen
15. Febr. 1962	Národní Divadlo Prag
	R.: Jaromír Pleskot, B.: Oldřich Šimáček
	G.: Blažena Holišová, A.: Ladislav Pešek
1. März 1962	Työväen Teatteri Tampere
	R.: Eugen Terttula, B.: Ester Naparstok
	G.: Sylvi Salonen, A.: Eero Roine
17. März 1962	Städtische Bühnen Gelsenkirchen
	R.: Bert Ledwoch, B.: Christof Heyduck
	G.: Renate Schmidt, A.: Rolf Sebastian
29. März 1962	Royal Shakespeare Company im Aldwych Theatre London
	R.: William Gaskill, B.: Ralph Koltai
	G.: Patsy Byrne, A.: Hugh Griffith
31. März 1962	Lidové Divadlo Svitavy
	R.: Jiří Kareš, B.: Miloš Cerman
	G.: Naděžda Truhličková, A.: Oldřich Kabelka
17. April 1962	Theater an der Baylor University Waco/Texas
	R.: Paul Baker, B.: Robert L. Flynn
	G.: Judith Kelly / Retta Baker
	A.: Victor Carlson / Bruce Baker
6. Mai 1962	The Goodman Theatre Chicago
	R.: John Reich, B.: Francis Morigi
	G.: Geneva Bugbee, A.: Morris Carnovsky

3. Nov. 1962	Theater des Friedens Halle R.: Eugen Schaub, B.: Rolf Döge G.: Cornelia Krauß, A.: Helmuth Fiedler
13. Nov. 1962	Divadlo Petra Bezruce Ostrava R.: Jan Kačer, B.: Otakar Schindler G.: Blanka Meierová / Ludmila Bednářová A.: Luděk Eliáš
4. Dez. 1962	Municipal Theatre Haifa R.: Joseph Millo, B.: Teo Otto G.: Zaharira Charifai, A.: Haim Topol
11. Dez. 1962	Ashton Park School Bristol R.: Terry Jones G.: Barbara Sutton, A.: Bernard Osborn
15. Januar 1963	Landestheater Dessau R.: Arno Wolf, B.: Wolf Hochheim G.: Erica Kuppi, A.: Herbert Albes
17. Januar 1963	Theater der Freien Hansestadt Bremen R.: Peter Palitzsch, B.: Hansheinrich Palitzsch G.: Katharina Tüschen, A.: Hanns Ernst Jäger
19. Januar 1963	Stadsteater Stockholm R.: Hans Dahlin, B.: Carl Johan Ström G.: Maud Hansson, A.: Toivo Pawlo
8. Febr. 1963	Aalborg Teater R.: Hans Henrik Krause, B.: Jørn Mathiassen G.: Laila Andersson, A.: Eik Koch
Februar 1963	Hindustani Theatre Neu Delhi R.: Sathyu / Shama Zaidi
15. Febr. 1963	Wybrzeze Theater Gdansk R.: Kazimierz Braun, B.: Jadwiga Pożakowska G.: Maria Głowacka, A.: Tadeusz Gwiazdowski
26. März 1963	Narodno Pozorište Belgrad R. u. B.: Bojan Stupica G.: Mira Stupica, A.: Ljuba Tadić
März 1963	Bradford Girls' Grammar School G.: Jennifer Lister, A.: Mary Gosling
6. April 1963	Städtische Bühnen Freiburg/Br. R.: Claus Leininger, B.: Bert Kistner G.: Christiane Bruhn, A.: Hermann Motschach
25. Mai 1963	Theaterinstitut der Universität Santiago de Chile R.: Atahualpa del Cioppo
Juni 1963	Testrup Høskole G.: Karen Margrethe Svenningsen, A.: Boye Jensen

August 1963	Teatro National de Comedia Rio de Janeiro
	R.: José Renato, B.: Anisio Medeiros
	G.: Beatrice Veiga, A.: Alberico Bruno
10. Sept. 1963	Literarische Bühne Bad Godesberg (Lesung)
	R.: Ernst Dauscher, G.: Undine Herrmann
23. Okt. 1963	Städtisches Theater Mainz
	R.: Georg Aufenanger, B.: Manfred Domsdorf
	G.: Almuth Ullerich, A.: Alfred Böckel
6. Nov. 1963	Das Meininger Theater
	R.: Fred Grasnick, B.: Rolf-Christoph Ullmann
	G.: Helli Ohnesorge, A.: Wilhelm Thielmann
19. Nov. 1963	Städtische Bühnen Augsburg
	R.: Dietrich v. Oertzen, B.: Hans-Ulrich Schmückle
	G.: Renate Zillessen, A.: Alfred Mendler
12. Dez. 1963	West Midlands Training College Walsall/Birmingham
	R.: David Spinks, A.: John Griffin
13. Dez. 1963	The San Francisco Actor's Workshop
	R.: Carl M. Weber, B.: James H. Stearns
	G.: Elizabeth Huddle, A.: Ray Fry
Januar 1964	Csokonai Színház Debrecen
	R.: Lengyel György
1. Febr. 1964	Landestheater Linz
	R.: Peter Weihs, B.: Heinz Köttel
	G.: Eike Baum, A.: Rudi Joksch
7. Febr. 1964	Stadttheater Klagenfurt
	R.: Manfred Krüger, B.: Karl Spurny
	G.: Erika Helmert, A.: Georg Bucher
18. März 1964	Majakowski-Theater Moskau
	R.: Wladimir Dudin
	G.: Svetlana Mizeri, A.: Lev Swerdlin
18. März 1964	Städtebundtheater Biel-Solothurn
2. April 1964	Mecklenburgisches Staatstheater Schwerin
	R.: Ehrhard Kunkel, B.: nach Karl v. Appen
	G.: Gretel Müller-Liebers, A.: Heinrich Schmidt
7. April 1964	Städtische Bühnen Dortmund
	R.: Gustav Manker, B.: Adolf Mahnke
	G.: Astrid Kube, A.: Hanns Ernst Jäger
11. April 1964	Städtische Bühnen Nürnberg-Fürth
	R.: Hesso Huber, B.: Ambrosius Humm
	G.: Maria-Magdalena Thiesing, A.: Hanns Otto Ball
25. April 1964	Volkstheater Wien
	R.: Gustav Manker, B.: Georg Schmid
	G.: Hilde Sochor, A.: Fritz Muliar

29. April 1964	Indo-German Cultural Centre of the Goethe-Institut Madras
April 1964	Gogol-Theater Moskau R.: Aleksander Dunajew G.: Ludmilla Gawrilowa, A.: Aleksandr Krassnopolski
13. Mai 1964	Städtische Bühnen Bielefeld R.: Manfred Raymund Richter, B.: Christof Heyduck G.: Rosemarie Schinck, A.: Horst Christian Beckmann
21. Juni 1964	Städtische Bühnen Magdeburg R.: Klaus Glowalla, B.: Eberhard Schwenk G.: Ingeborg Schmitz, A.: Peter Kühle
8. Sept. 1964	Citizens' Theatre Glasgow R.: Kenneth Parrott, B.: Edward Furby G.: Anne Kristen, A.: Brian Spink
13. Nov. 1964	Landestheater Württemberg-Hohenzollern Tübingen R.: Wolf-Dieter Pahlke, B.: Ernst Amann G.: Ebba Reiter-Sack, A.: Wilhelm Zeno Diemer
28. Nov. 1964	Städtisches Theater Karl-Marx-Stadt R.: Erwin Arlt, B.: Peter Friede G.: Sonja Kehler / Anne Wollner, A.: Wolfgang Sörgel
30. Nov. 1964	Landesbühne Hannover R.: Reinhold Rüdiger, B.: Thomas Richter-Forgách, G.: Maria-Magdalena Thiesing, A.: Theo Pracher
15. Dez. 1964	Friedrich-Wolf-Theater Neustrelitz R.: Bruno Zieme, B.: Jürgen Müller G.: Christel Leuner, A.: Peter Bause
10. Febr. 1965	Schauspielhaus Zürich R.: Leopold Lindtberg, B.: Teo Otto G.: Hanne Hiob, A.: Gustav Knuth
16. März 1965	Queens Theatre Hornchurch R.: Jane Howell, B.: Paul Mayo G.: Thelma Whiteley, A.: Desmond Stokes
März 1965	6. Mittelschule Tomsk R.: Vitali Konjajew, B.: Sergej Postnikow
28. April 1965	Stadttheater Gießen R.: Werner Vespermann, B.: Hans Hamann G.: Karin Kaiser, A.: Horst Christian Beckmann
6. Mai 1965	Department of German and University Theatre im Shevlin Hall Arena Theatre Minneapolis/Minnesota R. u. B.: Ray Miesnieks G.: Zile Cukurs, A.: Toni Turrittin

27. Juni 1965	Heeswijkse openluchttheater Brabant
	R.: Ad van de Ven
	G.: Jeanne Tervoort, A.: Theo van den Boom
Juli 1965	Intimate Theatre Johannesburg
	R.: Victor Melleney, B.: Raimund Shop
	G.: Olive Bodil, A.: Joe Stewardson
10. Sept. 1965	Universität Makerere im Nationaltheater
	Kampala/Uganda
22. Sept. 1965	Bühnen der Stadt Nordhausen
	R.: Dieter Steinke, B.: Hans Kurzer
	G.: Vera Engelhardt, A.: Klaus Grau
22. Sept. 1965	Theater der Stadt Trier
	R.: Hans Neuenfels, B.: Eberhard Matthies
	G.: Beate Hüsges, A.: Wolfgang Beanjean
7. Okt. 1965	Landesbühnen Sachsen Dresden-Radebeul
	R.: Wolfgang Heiderich, B.: Helmut Wagner
	G.: Karina Heilmann, A.: Günter Lotze
1. Dez. 1965	Théâtre de la Commune d'Aubervillier
	R. u. B.: René Allio
	G.: Catherine Sauvage, A.: François Darbon
30. Januar 1966	Bühnen der Hansestadt Lübeck
	R.: Hans-Karl Zeiser, B.: Herbert Stahl
	G.: Maria-Magdalena Thiesing, A.: Horst Richter

Rezensionen von Aufführungen

(Bei abgekürzten Verfassernamen war der erste Buchstabe der Abkürzung maßgebend für die Einordnung in die alphabetische Reihenfolge.)

Berlin
10. 10. 1954

[anonym] Bert Brechts »Kaukasischer Kreidekreis« erstaufgeführt
Volksstimme, Stuttgart, 18. 10. 1954
[anonym] Unter dem Galgen
Der Spiegel, Hamburg, 27. 10. 1954
[anonym] Der kaukasische Kreidekreis
Parlamentarische Wochenschau, Köln, 2. 11. 1954
[anonym] Der kaukasische Kreidekreis
Unser Rundfunk, Berlin, 14. 11. 1954
Andrießen, Carl, Saß im Rock des Richters der Azdak?
Die Weltbühne, Berlin, 12. 1. 1955
A. W., »Der kaukasische Kreidekreis«
Wochenpost, Berlin, 30. 10. 1954
Berlau, Ruth, Brecht führt Regie
Neue Berliner Illustrierte, 3. August-Ausgabe 1954
b-l., Französisches Urteil über Bert Brecht
Unser Tag, Ludwigshafen, 17. 12. 1953
Budzinski, Klaus, Berliner Festwochen-Kehraus
Abendzeitung, München, 14. 10. 1954
C. R., Mütterlich ist nur das Proletariat
Die Welt, Berlin, 28. 10. 1954
DK, Brecht contra Brecht
Der Kurier, Berlin, 14. 10. 1954
Edel, Peter und Hermann Martin, Die Kinder den Mütterlichen
BZ am Abend, Berlin, 22. 10. 1954
Erpenbeck, Fritz, Episches Theater oder Dramatik
Freies Volk, Düsseldorf, 22. 1. 1955
Dr. E. S., »Der kaukasische Kreidekreis«
Deutsche Woche, München, 27. 10. 1954
Eylau, Hans Ulrich, »Der kaukasische Kreidekreis«
Berliner Zeitung, 12. 10. 1954
Harnisch, Rudolf, »Der kaukasische Kreidekreis«
Tägliche Rundschau, Berlin, 3. 11. 1954

H. E., »Der kaukasische Kreidekreis«
SOS, Berlin, 2. 10. 1954
Hofmann, Heinz, Brecht contra Brecht im »Kaukasischen
Kreidekreis«
National-Zeitung, 14. 10. 1954
Kaemmel, Christiane und Alfred Voelkel, Der kaukasi-
sche Kreidekreis
Forum, Berlin, 19. 11. 1954
Kartier, E., Der kaukasische Kreidekreis
Fahrt Frei, Berlin, 12. 10. 1954
Klie, Barbara, Proletarisches Lehr- und Rührstück
Süddeutsche Zeitung, München, 8. 10. 1954
(s. dazu Korrekturen in der gleichen Zeitung v.
30. 10. 1954)
Der »Kreidekreis« von Brecht
Stuttgarter Zeitung, 14. 10. 1954
Dr. Kluß, Ernst, Ein theatralisches Ereignis
Neue Zeit, Berlin, 19. 10. 1954
Lietzmann, Sabina, Legenden von Kolchos und Columbus
Frankfurter Allgemeine, 8. 10. 1954
Moralstück vom Kreidekreis
Die Zeit, Hamburg, 14. 10. 1954
Luß, Friedrich, Kritischer Erkundungsritt nach Ost und
West
Die Neue Zeitung, Berlin, 31. 10. 1954
Richter, Horst, Das Lehrstück vom »Kaukasischen
Kreidekreis«
Sächsisches Tageblatt, Dresden, 1. 12. 1954
Rühle, Jürgen, Größe und Grenze des epischen Theaters
Sonntag, Berlin, 17. 10. 1954
Schw., Bertolt Brechts »Kaukasischer Kreidekreis«
Der Morgen, Berlin, 19. 10. 1954
shw., Der kaukasische Kreidekreis
Berliner Modeblatt, H. 1., 1955
S. L., Brecht-Premiere in Ostberlin
Neue Züricher Zeitung, 26. 10. 1954
S. L., Brecht im Spiegel der Kritik
Frankfurter Allgemeine, 13. 11. 1954
Thomé, Ludwig, Bert Brecht und die »sozialistische Moral«
Der Fortschritt, Essen-Werden, 30. 12. 1954
Weickert, Christian, »Der kaukasische Kreidekreis«
Heute und Morgen, Düsseldorf, Dezember 1954

Wernie, Bertram, Das Experiment am Schiffbauerdamm
Saarbrücker Zeitung, 10. 12. 1954
W. K., Epische Berichterstattung
Der Kurier, Berlin, 7. 10. 1954
Frankfurt/Main · 28. 4. 1955 — *[anonym]* Mißverstandenes episches Theater?
SVZ – Sozialistische Volkszeitung,
Frankfurt/Main, 28. 4. 1955
[anonym] Der »kaukasische Kreidekreis«
Hamburger Volkszeitung, 1. 5. 1955
[anonym] Brechts »Kaukasischer Kreidekreis«
Freie Presse, Bielefeld, 4. 5. 1955
[anonym] Sogar den Marxisten zuviel
Echo der Zeit, Recklinghausen, 5. 6. 1955
[anonym] »Kaukasischer Kreidekreis« ja – oder nein
Recklinghäuser Zeitung, 9. 6. 1955
[anonym] Die Vernunft setzt sich durch
Hamburger Volkszeitung, 11. 6. 1955
[anonym] Die Teilung des Menschen
Nürnberger Zeitung, 13. 6. 1955
[anonym] Rund um den »Kaukasischen Kreidekreis«
Hanauer Anzeiger, 14. 6. 1955
[anonym] Brechts »Kreidekreis« in Recklinghausen
Westdeutsches Tageblatt, Dortmund, 18. 6. 1955
[anonym] Bertolt Brecht: Kaukasischer Kreidekreis
Hamburger Volkszeitung, 21. 6. 1955
[anonym] Ruhrfestspiele 1955
Parlamentarische Wochenschau, Köln,
4. Juni-Ausgabe 1955
-a-, Brecht-Premiere bei den Ruhrfestspielen
Freie Presse, Bielefeld, 17. 6. 1955
A. Br., Ruhrfestspiele – Erfolg für Brecht
Westfälische Zeitung, Bielefeld, 21. 6. 1955
Ruhrfestspiele an einem Wendepunkt
Industriekurier, Düsseldorf, 25. 6. 1955
A. H., Bertolt Brecht: »Kaukasischer Kreidekreis«
Wiesbadener Tageblatt, 30. 4. 1955
A. Hp., Schrecktheater politischer Gespenster
Die Welt, Essen, 4. 5. 1955
Andriessens, Gerd, »Kaukasischer Kreidekreis«
Nassauer Bote, Limburg, 29. 5. 1956
Azdak, Das ist Bert Brecht
Echo der Zeit, Recklinghausen, 20. 5. 1955

Dr. B., Die streitbare Friedenstaube
Industriekurier, Düsseldorf, 23. 7. 1955
Bartsch, Wolfgang, Legende von der mütterlichen Magd
Grusche
Der Mittag, Düsseldorf, 2. 5. 1955
Becher, Jochen, Brechts »Kreidekreis« zieht Kreise
Frankfurter Rundschau, 22. 6. 1955
Beckmann, Heinz, Brecht – oder der tragische Mensch
Rheinischer Merkur, 6. 5. 1955
Bergfeld, Hilde, Bert Brecht: Der kaukasische Kreidekreis
Hessische Nachrichten, Kassel, 3. 5. 1955
b. m., »Kaukasischer Kreidekreis« mit Kreislaufstörungen
Düsseldorfer Nachrichten, 16. 6. 1955
Bode, Dietrich, Schauspieltheater in Frankfurt
Gießener Freie Presse, 15. 5. 1956
Boie, Bernhard, Begeisterungsstürme um »Kaukasischen
Kreidekreis«
Recklinghäuser Zeitung, 16. 6. 1955
Bunge, Hans Joachim, »Durfte man?!«
Sonntag, Berlin, 22. 5. 1955
-ch, »Ist uns die Wahrheit zu bitter?«
Neue Zeit, Berlin, 10. 6. 1955
Custos, DGB im Kreidekreis
Braunschweiger Nachrichten, 11. 6. 1955
Di., »Auf Dichter wie Brecht hören«
Frankfurter Allgemeine, 6. 6. 1955
Dörnemann, Kurt, Frankfurter Brecht bei den
Ruhrfestspielen
Mühlheimer Tageblatt, 10. 6. 1955
-eleg-, »Kreidekreis«
Unser Tag, Ludwigshafen, 20. 6. 1955
Dr. F. L., Brechts kommunistisches Lehrstück
Echo der Zeit, Recklinghausen, 1. 5. 1955
Freund, Cajetan, Streit um den »Kaukasischen
Kreidekreis«
Frankfurter Rundschau, 18. 6. 1955
Friedrich, Heinz, Zwischen Tendenz und Poesie
Westdeutsche Allgemeine, Essen, 4. 5. 1955
Füllinger, Albert, Brechts »Kaukasischer Kreidekreis«:
ein durchschlagender Erfolg bei den Ruhrfestspielen
Neue Volkszeitung, Essen, 17. 6. 1955
GF, Der kaukasische Kreidekreis
Höchster Kreisblatt, Frankfurt/Main-Höchst, 30. 4. 1955

Gillard, Gustav, Der kaukasische Kreidekreis
Lübecker Nachrichten, 5. 5. 1955
Gilles, Werner, Das Theater besiegte den Epiker Bert
Brecht
Mannheimer Morgen, 30. 4. 1955
GMR, Zeitzünder gegen den sozialen Frieden
Der Fortschritt, Essen-Werden, 23. 6. 1955
G. N., Protest gegen Brechts »Kaukasischer Kreidekreis«
Kirche und Leben, Münster/Westfalen, 5. 6. 1955
G. P., Wir haben die Pflicht, auf ihn zu hören!
SVZ – Sozialistische Volkszeitung, Frankfurt/Main,
8. 6. 1955
Dr. G. S., Bert Brecht: Der kaukasische Kreidekreis
Taunusanzeiger, Oberursel, 3. 5. 1955
Guggenheimer, Walter Maria, Bert Brechts »Kreidekreis«
– ein ganz großer Erfolg
Neue Rheinische Zeitung, 16. 6. 1955
Happ, Alfred, Die schreckliche Verführung zur Güte
Frankfurter Rundschau, 1. 5. 1955
Heerwagen, Fritz, Der kaukasische Kreidekreis
Welt der Arbeit, Köln, 24. 6. 1955
Hensel, Georg, Mütterliches bei Brecht (West)
Darmstädter Echo, 30. 4. 1955
Herz, Manfred, »Die Kinder den Mütterlichen«
Deutsche Volkszeitung, Fulda, 14. 5. 1955
Heym, Heinrich, »Der kaukasische Kreidekreis«
Main-Post, Würzburg, 3. 5. 1955
H. K., Brechts »Kreidekreis« in Frankfurt am Main
Neues Deutschland, 12. 5. 1955
hkr., Dichter strandete auf der grusinischen Heerstraße
Generalanzeiger Ludwigshafen, 30. 4. 1955
Dr. Hoffmann, Paul, Kultursensation überrundete Politik
Duisburger Generalanzeiger, 22. 6. 1955
Holtmann, Gerhard, Moritat der Menschlichkeit
Westfälische Rundschau, Dortmund, 16. 6. 1955
hsh, Kreis mit Schnörkeln
Hanauer Anzeiger, 24. 5. 1955
Johannsen, Peter, Brecht-Welle in Westdeutschland
Osnabrücker Tageblatt, 7. 6. 1955
Kadow, Manes, Bertolt Brecht und seine Kreise
Neue Presse, Frankfurt, 30. 4. 1955
Kaiser, Joachim, Reise von Reiz zu Reiz
Süddeutsche Zeitung, München, 7. 5. 1955

K-d, »Kaukasischer Kreidekreis« in Recklinghausen
Generalanzeiger Ludwigshafen, 18. 6. 1955
Dr. Kloos, H., Bert Brechts kommunistisches Lehrstück
Saarbrücker Zeitung, 28. 5. 1955
KNA, »Faustschlag ins Gesicht der Anständigen«
Oldenburgische Volkszeitung, 16. 6. 1955
Königsberger, Otto, »Schrecklich ist die Verführung zur
Güte«
Ruhr-Nachrichten, Essen, 16. 6. 1955
Kreile, Reinhold, Episches Theater der Dialektik
Kronacher Neue Presse, 10. 5. 1955
Langele, A., Kreidekreise beunruhigen Bonn
Unser Tag, Mainz, 13. 6. 1955
L. B., Brechts umstrittener »Kreidekreis«
Nürnberger Nachrichten, 28. 6. 1955
L. G., Kreidekreis in Recklinghausen
Kölnische Rundschau, 19. 6. 1955
Meurer, Adolph, Das neue Stück von Bertolt Brecht
Neckar-Echo, Heilbronn, 21. 5. 1955
Mhf., »Der kaukasische Kreidekreis« – keine Sensation
Solinger Tageblatt, 16. 6. 1955
Nemo, Korbinian, Brechts »Kreidekreis« in Frankfurt
Die Weltbühne, Berlin, 11. 5. 1955
N. L., Märchen und Wirklichkeit
Sonntag, Berlin, 3. 7. 1955
Paulus, Georg, Bravo, Brecht und Buckwitz!
SVZ – Sozialistische Volkszeitung, Frankfurt/Main,
30. 4. 1955
Pitsch, Ilse, Brecht auf den Ruhrfestspielen
Westdeutsche Rundschau, Wuppertal, 16. 6. 1955
P. T., »Der kaukasische Kreidekreis« von Bert Brecht
Die Tat, Frankfurt/Main, 14. 5. 1955
Quadflieg, Eberhard, Brecht wider Recht
Aachener Nachrichten, 18. 6. 1955
Riegert, Peter, Nur der Dichter wird gespielt
Hessische Zeitung, 6. 5. 1955
r. r., »Der kaukasische Kreidekreis« im Bannkreis guten
Theaters
Offenbach-Post, 20. 6. 1956
Dr. Schab, G., Der Beifall galt dem Dichter Bert Brecht
Weser-Kurier, Bremen, 18. 6. 1955
Schlien, Hellmut, Jubel für »Kreidekreis«
Frankfurter Rundschau, 21. 6. 1955

Schmidt, Hannes, Brechts »Kaukasischer Kreidekreis«
Badische neueste Nachrichten, Karlsruhe, 6. 5. 1955
Schön, Gerhard, Links herum im Kreidekreis
Nordsee-Zeitung, Bremerhaven, 5. 5. 1955
Schulze Vellinghausen, Albert, Gerechtigkeit in
Grusinien?
Frankfurter Allgemeine, 18. 6. 1955
sm, Die schreckliche Verführung zur Güte
Stuttgarter Zeitung, 30. 4. 1955
T-, Mißverstandene Toleranz
Der Tag, Berlin, 17. 6. 1955
Tamms, Werner, Ovationen statt Skandal
Westdeutsche Allgemeine, Essen, 16. 6. 1955
Th-, Der Frankfurter Kreidekreis
Berliner Zeitung, 20. 4. 1955
Thiem, Willy H., Die Mütterlichkeit unterlag dem
Schwarz-Weiß-Kolorit
Abendpost, Frankfurt/Main, 1. 5. 1955
Thomsen, Randolph, Bert Brecht – Politiker oder Dichter
Westdeutsches Tageblatt, Dortmund, 12. 4. 1955
Diskussion um Bert Brecht
Wanne-Eickeler Zeitung, 13. 4. 1955
Tp., Brecht in Frankfurt
Deutsche Zeitung und Wirtschaftszeitung, Stuttgart,
9. 5. 1955
W. Ba., Kleine Umbesetzungen im »Kreidekreis«
Frankfurter Rundschau, 13. 4. 1956
Weber, Paul Fr., Brechts »Kreidekreis«
Welt am Sonntag, 24. 4. 1955
W. F., Der kaukasische Kreidekreis
Frankfurter Allgemeine, 30. 4. 1955
WT, Bert-Brecht-Premiere in Frankfurt
Abendpost, Frankfurt/Main, 29. 4. 1955
-z-, Hier fiel Brecht seiner Ideologie zum Opfer
Die Rheinpfalz, Neustadt, 30. 4. 1955
z-h, Grusche, die Küchenmagd
Ruhr-Festspiele, Recklinghausen, Juni 1955

Ulm
28. 4. 1960

(anonym) Brechts Parabelstück »Der kaukasische Kreide-
kreis«
Mindelheimer Zeitung, 29. 6. 1960
Bayer, Hans, Der Kreidekreis war genau gezogen
Abendpost, Frankfurt/Main, 9. 6. 1960

Colberg, K., Griff in Brechts Arbeitsmappe
Aachener Volkszeitung, 11. 5. 1960
eh, Die Ulmer faszinierten mit Brecht
Mindelheimer Zeitung, 30. 6. 1960
elis, Brecht, beim Wort genommen
Die Welt, Essen, 4. 5. 1960
f., Die politische Tendenz ließ sich nicht überhören
Schwäbische Zeitung, Leutkirch/Allgäu, 10. 5. 1960
ghm, Bert Brecht: »Der kaukasische Kreidekreis«
Schwäbische Post, Aalen, 6. 5. 1960
G.K., Theaterereignis in Ulm
Stuttgarter Nachrichten, 30. 4. 1960
jw, »Der kaukasische Kreidekreis« von Brecht
Ulmer Nachrichten, 27. 4. 1960
K., Brecht in theatralischer Dialektik
Deutsches Volksblatt, Stuttgart, 4. 5. 1960
Kaiser, Gerhard, Mutprobe auf dem Nadelbrett
Stuttgarter Nachrichten, 16. 9. 1960
Kaiser, Joachim
Süddeutsche Zeitung, München, 30. 4./1. 5. 1960
Kr., Brechts »Kaukasischer Kreidekreis« in Ulm
Schwäbische Zeitung, Leutkirch/Allgäu, 6. 5. 1960
Kraft, Herbert Karl, »Kaukasischer Kreidekreis«
Deutsche Tagespost, Würzburg, 18. 5. 1960
L. B., Nachdenkliches zur Aufführung des Kaukasischen
Kreidekreises
Mindelheimer Zeitung, 6. 7. 1960
Menck, Clara, Azdak, Grusche und das große Chaos
Frankfurter Allgemeine, 5. 5. 1960
Michaelis, Rolf, Gruisnisches Märchen
Stuttgarter Zeitung, 30. 4. 1960
Rumler, F., Schön ist, was (politisch) richtig ist
Abend-Zeitung München, 30. 4. 1960
sch., Eine Premiere, von der man lange sprechen wird
Ulmer Nachrichten, 30. 4. 1960
Schulz, F., Aufmunterung zur Nachdenklichkeit oder
Brecht in Ulm
Theaterdienst, Berlin, 10. 7. 1960
(z), Bunter Bilderbogen aus grusinischen Tälern
Aalener Volkszeitung, 6. 5. 1960

Deutsches
Fernsehen
25. 9. 1958

[anonym] Der kaukasische Kreidekreis
Funk und Familie, Hamburg, 21. 9. 1958
[anonym] Brechts »Kaukasischer Kreidekreis« ferngesehen
Die Deutsche Woche, München, 1. 10. 1958
[anonym] Fernsehnotizen
Deutsche Zeitung, Stuttgart/Köln, 10. 2. 1960
[anonym] Der kaukasische Kreidekreis
Hören und Sehen, Nr. 5, 1960
ay., Bertolt Brecht: Der kaukasische Kreidekreis
Ostschweiz, Abendausgabe, St. Gallen, 21. 3. 1959
B., Brechts Theater ferngesehen
Rheinische Post, Düsseldorf, 4. 2. 1960
Bi., Die Kinder gehören den Mütterlichen
Wiesbadener Tageblatt, 4. 2. 1960
Gerbracht, Wolfram, Brecht ist telegen
Kölner Stadt Anzeiger, 27. 9. 1958
HAL, Mehr Brecht
Schwäbische Zeitung, Ulm, 10. 2. 1960
Ho, Bert Brecht im Fernsehen
Stuttgarter Nachrichten, 27. 9. 1958
HST, Magd Grusche und Azdak
Offenbach-Post, 4. 2. 1960
Dr. I. P., Kein Glück mit Bert Brecht
Westdeutsche Allgemeine, Essen, 27. 9. 1958
J., Der kaukasische Kreidekreis
Schleswig-Holsteinische Volkszeitung, Kiel, 1. 10. 1958
Katz, Anne Rose, Fernsehen – nah besehen
Abendpost, Frankfurt/Main, 26. 9. 1958
Kellner, Lille, Der kaukasische Kreidekreis
TV Fernseh Woche, Düsseldorf, 21.–27. 9. 1958
Lange, Hellmut A., Brecht, der Dichter
Schwäbische Donau-Zeitung, Ulm, 1. 10. 1958
Entmarxifizierter Brecht,
Rhein-Zeitung, Koblenz, 1. 10. 1958
Leibstein, Christel, Der kaukasische Kreidekreis
Marler Zeitung, 4. 2. 1960
Morlock, Martin, Der kaukasische Kreidekreis
Süddeutsche Zeitung, München, 30. 9. 1958
Müller, Herbert, Brecht mit den Augen der Kamera gesehen
Die Rheinpfalz, Ludwigshafen, 3. 10. 1958

R.–, Zwei Mütter und ein Kind
AZ Allgemeine Zeitung für Württemberg, Stuttgart,
28. 8. 1958
ra, »Heiße Probe« zum Kreidekreis
Stuttgarter Nachrichten, 24. 9. 1958
Riehl, Matthias, Befreiter Brecht
Der Tagesspiegel, Berlin, 28. 9. 1958
Roemer, Friedrich, Brechts »Kaukasischer Kreidekreis«
Die Welt, Berlin, 29. 9. 1958
R. T., Brecht im Fernsehen
Westdeutsche Zeitung, M.-Gladbach, 2. 10. 1958
Schulte, Gerd, Verbrechen an Brecht
Hannoversche Allgemeine Zeitung, 29. 9. 1958
Steinbach, Peter, Der Versuch ist geglückt
Frankfurter Nachtausgabe, 29. 9. 1958
Weyer, Walter, Ist Brecht überschätzt?
Cellesche Zeitung, 2. 4. 1960
W. P., Brechts »Kreidekreis«
Bonner Rundschau, 4. 2. 1960
-y, Bert Brecht malgré lui
Neues Winterthurer Tagblatt, 28. 3. 1959
Ziegler, Karl Kurt, »Der kaukasische Kreidekreis«
Westfälische Rundschau, Dortmund, 3. 2. 1960

Bemerkungen zu diesem Band

»Der kaukasische Kreidekreis« gehört zu den meistgespielten Stücken Brechts. Bekannt wurde das Stück durch die unvergeßliche Aufführung am Berliner Ensemble 1954. Die Inszenierung, in der Brecht die vielfältigen Mittel realistischer Theaterkunst einsetzte, geriet sofort in den heftigen Meinungsstreit der Rezensenten, sowohl wegen der formalen Gestaltung als auch wegen der politischen Aussage. Nach kurzer Zeit freilich hatte sich die Berliner Aufführung gegen alle Anfechtungen durchgesetzt und gilt seitdem als wichtigstes Modell für weitere Inszenierungen. Es schien deshalb aufschlußreich, in dem Materialienband möglichst viel vorhandenes Material über die Aufführung des Berliner Ensembles zu sammeln. Tonbandtranskriptionen der Brecht-Proben sowie Probennotate und die Berichte einiger Mitarbeiter Brechts von ihrer Arbeit sollen einen Eindruck von den Methoden realistischer Regiearbeit vermitteln. Darüber hinaus wurden einige Fassungen von Szenen aufgenommen, um auch die Arbeit am Stück von der ersten Niederschrift her bekannt zu machen.

Für die weiterführende Beschäftigung mit dem Stück wurde ein Verzeichnis der Aufführungen und der Zeitungsrezensionen einiger wichtiger Aufführungen nach der Sammlung des Bertolt-Brecht-Archivs zusammengestellt. Diese Liste und die Bibliographien werden im einzelnen noch unvollständig sein. Herausgeber und Verlag sind für jeden korrigierenden und ergänzenden Hinweis dankbar.

S. 7. *Die Geschichte vom kaukasischen Kreidekreis.* Die Fabel des Stücks schrieb Brecht für den Band: Tadeusz Kulisiewicz, Zeichnungen zur Inszenierung des Berliner Ensembles/Bertolt Brecht, Der kaukasische Kreidekreis, Henschelverlag Berlin 1956.

S. 17. *Anmerkungen zum »Kaukasischen Kreidekreis«.* Die Texte wurden vom Herausgeber in dieser Anordnung zusammengestellt. In einer Abweichung dieser Anmerkungen zum Erstdruck in den »Schriften zum Theater«, Band 6, ist der Text *Der Weg in die nördlichen Gebirge* (dort unter Nr. 7) in dieser Zusammenstellung nicht aufgenommen worden, da er als Version zu dem Beitrag *Ein Umweg* (siehe diesen Band, S. 25) gelten muß. – Die in Klammern gesetzten Überschriften der Brecht-Texte wurden vom Herausgeber hinzugefügt.

S. 25. *Ein Umweg.* Von Brecht zuerst in der Artikelserie »Die Dialektik auf dem Theater« veröffentlicht.

S. 27. *Einheit von Gedanke und Gefühl.* Der Text ist dem Dialog »Einige Irrtümer über die Spielweise des Berliner Ensembles«, 1955, entnommen. Siehe »Schriften zum Theater«, Band 7, S. 263 ff.

S. 36. *Zwei Fassungen der Szene »Die Flucht aus dem Palast«.* Der ersten Fassung steht die Druckfassung von 1957 gegenüber. Dazwischen liegen mehrere Bearbeitungen und Versionen, siehe zum Beispiel die erste gedruckte Fassung in: Sinn und Form, 1. Sonderheft Bertolt Brecht, Berlin 1949.

S. 57. *Bemerkungen zu den Proben.* Der Text von Angelika Hurwicz wurde, leicht gekürzt, dem Band »Brecht inszeniert: ›Der kaukasische Kreidekreis‹«, Friedrich Verlag, Velber bei Hannover 1964, entnommen.

S. 64. *Die Flucht in die nördlichen Gebirge.* Während der Proben zum »Kaukasischen Kreidekreis« wurden im Berliner Ensemble Tonbandaufzeichnungen gemacht. Die hier abgedruckte Transkription folgt einer Zusammenstellung einzelner Ausschnitte verschiedener Proben von Hans Bunge. Der Herausgeber hat die vorhandenen Probenpassagen dieser Szene redigiert und teilweise gekürzt.

S. 70. *Notate von Probendetails.* Die kleine Auswahl aus den sehr zahlreichen Probennotaten von Hans Bunge wird in diesem Band zum erstenmal veröffentlicht.

S. 79. *Vorspiel.* Dieser Beitrag wurde unter anderen Typoskripten im Nachlaß Brechts aufgefunden und in die »Schriften zum Theater«, Band 6, aufgenommen. Wie sich inzwischen herausgestellt hat, ist der tatsächliche Verfasser des Beitrags Hans Bunge, der damals an der »Kreidekreis-Inszenierung« des Berliner Ensembles mitgearbeitet hat. Wir bitten darum, das Versehen zu entschuldigen.

S. 84. *Kunst und Politik.* Manfred Wekwerth arbeitete 1954 als Assistenzregisseur an der Inszenierung des »Kaukasischen Kreidekreises«. Sein Beitrag ist einem offenen Brief an junge Künstler entnommen (1958) und wurde zuerst in einem Buch veröffentlicht »Theater in Veränderung«, Aufbau Verlag, Berlin 1960.

S. 87. *Die »Kreidekreis«-Musik, Über das Bühnenbild* und *Über die Verwendung von Masken.* Paul Dessau, Karl von Appen und Joachim Tenschert schrieben ihre Aufsätze für diesen Band.

S. 115. *»Der kaukasische Kreidekreis« in Krakau, Frankfurt/Main, Berlin.* Der Bericht von Käthe Rülicke und Peter Palitzsch erschien in: Theater der Zeit, Berlin 1955, H. 8.

S. 119. *Schönheit des Gebrauchs.* Kenneth Tynan schrieb seine Rezension über die Aufführung, als das Berliner Ensemble 1956 zum erstenmal in London gastierte. Der hier abgedruckte Beitrag stammt aus: Braw and Brecht, in: The Observer, London, 2. 9. 1956.

S. 121. *Der Azdak von Ernst Busch.* Der Text stammt aus einem größeren Aufsatz von Sinaida Brashko, der unter dem Titel »Die letzte Inszenierung Brechts« in den: Mitteilungen des Instituts für Kunstgeschichte der Akademie der Wissenschaften UdSSR, Abteilung Theater, H. 10–11, veröffentlicht wurde. Die deutsche Übersetzung erschien in: Sowjetwissenschaft, Kunst und Literatur, Berlin 1958, H. 6.

S. 129. *»Der kaukasische Kreidekreis«*. Hubert Witt schrieb den Aufsatz als Nachwort für die Text-Ausgabe des »Kaukasischen Kreidekreises« im Reclam Verlag, Leipzig 1959. Der Text wurde leicht gekürzt.

S. 136. *Der Armeleuterichter Azdak*. Elisabeth Hauptmanns Beitrag wurde zuerst im Programmheft »Der kaukasische Kreidekreis« des Berliner Ensembles, Berlin 1954, gedruckt.

S. 139. *Der Erzähler im »Kaukasischen Kreidekreis«*. Der Text von Volker Klotz ist seinem Buch »Bertolt Brecht, Versuch über das Werk«, Bad Homburg 1961, entnommen.

S. 144. *Der Streit um das Tal*. Dem Beitrag von Hans Bunge liegt sein Aufsatz desselben Titels zugrunde, der 1956 in Nr. 2 der Studien, Beilage zu Theater der Zeit, Berlin 1956, H. 11, erschien. Der hier abgedruckte Text ist vom Verfasser gekürzt und redigiert worden.

S. 159. *Anhang*. Die *Aufführungsliste* nennt die im Bertolt-Brecht-Archiv registrierten Aufführungen. Aufführungen mit ungenauen oder zu unvollständigen Angaben wurden in die Liste nicht aufgenommen. – In der Bibliographie der *Rezensionen von Aufführungen* wurden nur einige Aufführungen berücksichtigt. Beiträge, die lediglich auf die Aufführung hinweisen, wurden nicht aufgenommen.

Inhalt

Gesamtausgabe der Werke Bertolt Brechts im Suhrkamp Verlag

Stücke

Schriften zum Theater

Gedichte

Prosa

Schriften zur Literatur und Kunst

Außerhalb der Gesamtausgabe erschienen im Suhrkamp Verlag

Versuche

Bibliothek Suhrkamp

Bertolt Brechts Hauspostille · Bertolt Brechts Gedichte und Lieder ·
Schriften zum Theater · Flüchtlingsgespräche · Geschichten

edition suhrkamp

Leben des Galilei · Gedichte und Lieder aus Stücken · Aufstieg und
Fall der Stadt Mahagonny · Der kaukasische Kreidekreis · Materialien
zu Brechts ›Leben des Galilei‹ · Mutter Courage und ihre Kinder ·
Materialien zu Brechts ›Mutter Courage und ihre Kinder‹ · Der gute
Mensch von Sezuan · Über Lyrik · Ausgewählte Gedichte · Herr
Puntila und sein Knecht Matti · Die heilige Johanna der Schlacht-
höfe · Schweyk im Zweiten Weltkrieg · Die Antigone des Sophokles /
Materialien zur ›Antigone‹ · Der aufhaltsame Aufstieg des Arturo Ui ·
Materialien zu Brechts ›Der kaukasische Kreidekreis‹ · Die Tage der
Commune · Baal. Drei Fassungen
Über Bertolt Brecht: Hans Mayer, Anmerkungen zu Brecht · Walter
Benjamin, Versuche über Brecht

Bertolt Brechts Dreigroschenbuch mit Schallplatte ›Bertolt Brecht singt‹
Theaterarbeit. Sechs Aufführungen des Berliner Ensembles
Die sieben Todsünden der Kleinbürger

Im R. Oldenbourg Verlag München ist in der Reihe ›Interpretationen
zum Deutschunterricht‹ eine Interpretation über Brechts ›Der gute Mensch
von Sezuan‹ von Kurt Bräutigam erschienen.

Bertolt Brecht Gesammelte Werke

Werkausgabe in 20 Bänden

Herausgegeben vom Suhrkamp Verlag in Zusammenarbeit mit Elisabeth Hauptmann. Neu durchgesehene und neu geordnete Ausgabe. Leinenkaschiert. Kassette.

Aufbau der Bände:
Bände 1–7 Stücke, Bearbeitungen, Einakter, Fragmente. 8–10 Gedichte. 11–14 Geschichten, Romane, *Me-ti, Tui, Flüchtlingsgespräche.* 15–17 Schriften 1 (zum Theater). 18–20 Schriften 2 (zur Literatur, Kunst, Politik und Gesellschaft).

Dünndruckausgabe in 8 Bänden

Herausgegeben vom Suhrkamp Verlag in Zusammenarbeit mit Elisabeth Hauptmann. Neu durchgesehene und neu geordnete Ausgabe. Leinen und Leder. Kassette.

Aufbau der Bände:
Bände 1–3 Stücke, Bearbeitungen, Einakter, Fragmente. 4 Gedichte. 5–6 Geschichten, Romane, *Me-ti, Tui, Flüchtlingsgespräche.* 7–8 Schriften (zum Theater, zur Literatur, Kunst, Politik und Gesellschaft).

Beide Ausgaben präsentieren das Gesamtwerk Brechts neu und handlich. Alle Texte wurden neu durchgesehen; die Anmerkungen enthalten werkgeschichtliche Fakten und die Änderungen gegenüber früheren Ausgaben. Zum ersten Mal werden veröffentlicht: Der *Tui*-Roman, *Turandot oder Der Kongreß der Weißwäscher,* acht Fragmente, etwa 250 Seiten Schriften zur Politik und Gesellschaft. Die Texte beider Ausgaben sind identisch. Die Bände weichen voneinander ab in der Einteilung sowie im Format, in der Ausstattung und im Preis.

edition suhrkamp

Alphabetisches Verzeichnis der edition suhrkamp